Isabelle

Dans la même collection :

Le Dico des Indiens
Le Dico des Gallo-Romains
Le Dico des Chevaliers
Le Dico des Chevaux
Le Dico de l'Astronomie

Graphisme : Elisabeth Ferté

Connectez-vous sur : www.lamartiniere.fr

2, rue Christine - 75006 Paris

Viviane Koenig

Le Dico des Égyptiens

Illustrations
Véronique Ageorges

De la Martinière
Jeunesse

PETIT GUIDE D'UTILISATION

ENTRÉE
classée par ordre alphabétique

PETIT TEXTE D'INTRODUCTION
permettant de mettre en avant certaines informations (définition, étymologie...)

(SUITE STATUE DIVINE)

tant de soins dans le TEMPLE et que l'on promène les jours de fête. Haute de 50 cm environ, elle est faite de matériaux si précieux que les voleurs les ont toutes détruites pour récupérer leur or et leurs pierres rares. Elle est tellement sainte que les SCULPTEURS ne la représentent pas sur les scènes ornant les murs des temples : ils la montrent sur sa barque divine, cachée par des tentures.
Cependant, dans les cours des temples, on trouve d'autres statues divines en belle pierre dure. Très grandes, elles ont souvent la taille d'un homme et même plus. Certaines statues du dieu PTAH dépassent 3 m de hauteur. Celles d'OSIRIS peuvent atteindre 4 m !

STÈLE

Les stèles sont des pierres ornées d'une inscription souvent accompagnée de dessins. Ce sont de véritables messages adressés aux hommes ou aux DIEUX.

Impressionnantes, les stèles royales sont parfois de véritables publicités officielles se composant d'un dessin du roi avec les dieux et d'un long texte hiéroglyphique.
Ici, une stèle frontière marque les limites du territoire d'une VILLE. Là, on découvre un nouveau décret, le récit d'une victoire militaire, d'une EXPÉDITION lointaine ou d'embellissements effectués par le roi dans un TEMPLE.
Plus modestes, avec leurs dessins naïfs et leurs HIÉROGLYPHES mal dessinés, les stèles des particuliers sont un lien entre les dieux et les hommes, entre les morts et les vivants. Tout est possible ! Une stèle FAUSSE-PORTE permet au défunt de sortir de sa TOMBE. Une stèle aux oreilles gravées permet au dieu de mieux entendre celui qui s'adresse à lui. Une stèle de donation indique que telle personne fait un don à un temple qui, en échange, le protège. Une stèle d'OFFRANDES assure au défunt sa nourriture pour l'éternité. D'autres stèles permettent de remercier les dieux :

112

Une dizaine de doubles-pages thématiques se présentant de la manière suivante :

UNE GRANDE IMAGE PRÉTEXTE À DE NOMBREUSES LÉGENDES FLÉCHÉES

« Ô **AMON** ! *Je t'implorai et tu m'as exaucé. Tu es un maître pour celui qui t'appelle...* »,

écrit un Égyptien sur sa stèle, certain que le dieu a sauvé de la mort son fils malade.

TEMPLE

Le temple égyptien est la « Maison du dieu » sur Terre, un endroit de grande pureté fermé au peuple.

Les tout premiers temples sont de simples abris de roseaux au toit bombé. Quelques siècles plus tard, rebâtis, agrandis, embellis par les PHARAONS, ce sont d'immenses bâtiments de pierre au luxe inouï. Certains rois sont de grands bâtisseurs, d'autres pas.

« Je te donne la royauté sur le pays, déclare le dieu au pharaon qui lui construit un nouveau temple. Aussi longtemps que moi je suis, aussi longtemps tu seras sur Terre... Tant que le Ciel existe, existera ton nom comme récompense pour ce beau, grand, pur, solide et excellent monument que tu m'as édifié. »

Entièrement sculptés et peints du sol au plafond, les temples sont bâtis suivant un plan assez simple.

113

MOTS EN GRAS
qui servent de renvois à d'autres mots expliqués dans l'ouvrage

TÉMOIGNAGES OU CITATIONS DE PERSONNAGES CÉLÈBRES
pour illustrer de manière vivante la définition

DÉCOUVRIR L'ÉGYPTE AU MUSÉE DU LOUVRE AU XIXe SIÈCLE

Des visiteurs s'émerveillent devant le sphinx à tête de pharaon. Peinture de Guillaume Larrue (1851-1935).

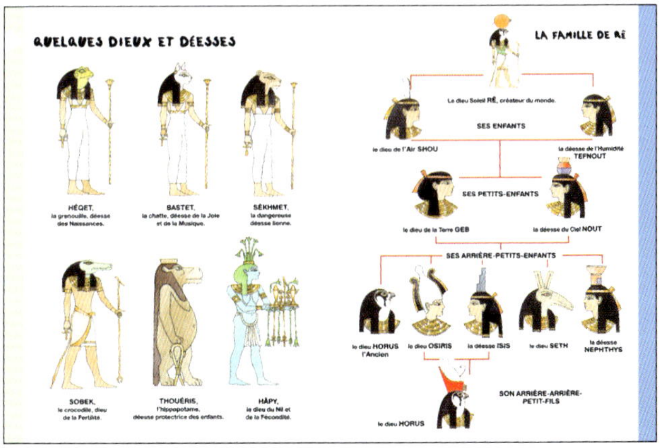

UN GRAND VISUEL CHOISI POUR SA QUALITÉ DE DOCUMENT HISTORIQUE

UNE PLANCHE ENCYCLOPÉDIQUE POUR COMPARER PLUSIEURS ÉLÉMENTS

CHRONOLOGIE ET CARTE DU PAYS

CHRONOLOGIE

Fin de la préhistoire

3200-2700 av. J.-C. : LES PREMIÈRES DYNASTIES
Unification de l'Égypte
Invention des hiéroglyphes
Les pharaons Ménès, Djer...

2700-2200 av. J.-C. : L'ANCIEN EMPIRE
Construction des grandes pyramides
Les pharaons Djéser, Khéops, Khéphren, Pépi...

2200-2060 av. J.-C. : PÉRIODE TROUBLÉE
Révoltes
Plus de pharaon ou plusieurs pharaons en même temps.

2060-1785 av. J.-C. : MOYEN EMPIRE
L'époque des grands textes littéraires et des belles statues
Les pharaons Mentouhotep, Sésostris, Amménémès...

1785-1550 av. J.-C. : PÉRIODE TROUBLÉE
Des envahisseurs viennent d'Asie...

1550-1070 av. J.-C. : NOUVEL EMPIRE
Le temps des grandes conquêtes
Les temples grandioses et la Vallée des Rois
Les pharaons Aménophis, Thoutmosis, Hatshepsout, Akhénaton, Toutânkhamon, Ramsès...

1070-330 av. J.-C. : PÉRIODE TROUBLÉE ET BASSE ÉPOQUE
Le temps des rois étrangers
Les pharaons Sheshang, Taharqa, Psammétique, Cambyse...

330-30 av. J.-C. : LA PÉRIODE GRECQUE
La conquête d'Alexandre le Grand
La naissance de la ville d'Alexandrie
Les pharaons Ptolémée, Cléopâtre...

À PARTIR DE 30 av. J.-C. : L'ÉGYPTE PROVINCE ROMAINE

MER MÉDITERRANÉE
Rosette
Alexandrie
Bouto
Saïs
Tanis
Mendès
BASSE ÉGYPTE
SINAÏ
Héliopolis
Guizeh
Memphis
Saqqara
FAYOUM
Crocodilopolis
Oasis de
Bahareh
Hérakléopolis
Bahr youssouf
MOYENNE ÉGYPTE
Béni Hassan
Hermopolis
Amarna
Méir
MER
ROUGE
HAUTE ÉGYPTE
NIL
Abydos
Dendéra
Oasis de
Dakhla
Vallée des Rois
Karnak
Vallée des Reines
Thèbes
Oasis de
Karga
Esna
Edfou
Kôm Ombo
légendes :
: pistes
: Vallée du Nil et oasis
: Principaux sites
et grandes villes
Assouan
1ére cataracte
Abou Simbel
2éme cataracte
Nubie

ALEXANDRIE

Port situé au nord de l'Égypte, au bord de la mer Méditerranée.

En quelques années, Alexandre le Grand, le célèbre conquérant, se taille un immense empire dans cette région du monde, à l'est de la mer Méditerranée, et fonde, un jour de l'an 332 av. J.-C., une nouvelle cité. Elle porte son nom : Alexandrie est la VILLE d'Alexandre ! À sa mort, ses généraux se partagent ses conquêtes. L'Égypte revient à Ptolémée. Ce nouveau PHARAON et ses successeurs font de cette ville l'une des plus célèbres au monde, avec des monuments incroyables comme son phare haut de 135 m qui guide les marins (l'une des Sept Merveilles du monde), ses PALAIS, ses JARDINS, son musée et sa bibliothèque. Premier port d'Égypte, Alexandrie attire commerçants, artistes et savants.

AMBASSADEUR

Des ambassadeurs représentant des peuples soumis aux Égyptiens, viennent régulièrement à la

cour de PHARAON. Ils apportent avec eux des cadeaux aussi rares que précieux : anneaux d'or, défenses d'éléphant, vases, animaux vivants comme des girafes et des singes, etc.
Pharaon les reçoit à l'ombre de son KIOSQUE, entouré de ses gardes, de ses porte-parasol et de ses SCRIBES. À la fin de cet incroyable défilé, le roi leur offre le « Souffle de Vie » et de fort beaux cadeaux. Puis tous ces ambassadeurs rentrent chez eux, sûrs que Pharaon protégera leur pays en échange de leur soumission.

AMON

Depuis toujours, les habitants de THÈBES, la belle ville au sud de l'Égypte, respectent Amon, dieu de l'Air peu connu. Représenté comme un homme avec une coiffe surmontée de deux hautes PLUMES D'AUTRUCHE, ce dieu prend parfois l'aspect d'un homme à tête de bélier.
Lorsque, dans les années 1600 av. J.-C., Thèbes devient la nouvelle capitale, Amon devient alors le plus puissant des dieux, le « roi des dieux ».

AMULETTE

Cet objet que l'on porte
sur soi par superstition possède,
dit-on, une puissance magique
qui protège les vivants
et les morts des dangers,
des maladies et du mauvais œil.

Certaines amulettes sont de véritables bijoux en or pur, d'autres plus modestes sont en faïence ou en pierre. Ces mini-statuettes représentent des dieux, des couronnes royales, des HIÉROGLYPHES importants, un signe de vie, un cœur, un SCARABÉE ou l'œil fardé du dieu du Ciel qui apporte une voyance totale.
D'autres amulettes se composent d'un minuscule PAPYRUS portant une formule magique, savamment plié et suspendu au cou.
Les moins chères sont faites de queues d'oignons tressées, recette infaillible contre bien des ennuis.

ÂNE

Patient, courageux, mais parfois têtu, l'âne porte du matin au soir des JARRES, des gerbes de blé ou de lourds paniers. Il participe aussi

aux transports sur de longues distances, trottinant jusqu'aux mines du DÉSERT ou vers les OASIS. En Égypte, tout ce qui n'est pas transporté par bateau l'est à dos d'âne ! Mais les ânes font bien plus. Dès que les PAYSANS ont étalé leurs épis de blé près du village, ils y font tourner leurs ânes pendant des heures afin que leurs sabots écrasent les épis dorés et en fassent sortir les grains.
Cependant, en dépit de tous les services rendus, l'âne a mauvaise réputation. On se méfie de lui car il est, dit-on, l'animal du dangereux dieu SETH qui assassina son frère et qui a, lui aussi, de longues oreilles ! Les SCRIBES n'écrivent pas de hiéroglyphe en forme d'âne sans planter un couteau en plein milieu du dessin pour le rendre inoffensif. Dans certains TEMPLES, le son de la trompette est interdit car il ressemble au braiment d'un âne. Pour toutes ces raisons, les paysans ne montent jamais sur leurs ânes : ils préfèrent la marche à pied.

ANIMAUX

Dans les immenses DÉSERTS égyptiens, moins arides jadis qu'aujourd'hui, vivent des troupeaux de bœufs ou d'ÂNES sauvages et des hordes de chiens couleur sable. Des lions, des hyènes et des chacals affolent gazelles et antilopes aux fines

cornes. Des autruches s'amusent avec des lièvres ou des hérissons. Lézards et SERPENTS se chauffent au soleil sur les rochers tandis que les SCORPIONS cherchent un peu de fraîcheur. Dans le ciel, une multitude d'OISEAUX prennent garde aux faucons et aux vautours qui guettent leurs proies. Mais attention, au temps des pharaons, il n'y a ni chameaux ni dromadaires en Égypte !

Non loin de là, dans le NIL et ses marais, vivent de nombreux poissons, des grenouilles, des caméléons, des tortues, des hippopotames et des crocodiles.

Si les anciens Égyptiens aiment beaucoup leurs animaux domestiques – chiens, chats et parfois singes –, ils détestent les reptiles qui se glissent dans leurs maisons, les souris qui grignotent leurs récoltes, les sauterelles qui dévastent leurs champs, les vers, les mouches, les puces et les poux. Pour s'en protéger, ils utilisent des méthodes infaillibles. Ils enduisent de graisse de chat leurs sacs de grains pour éloigner rats et souris. Ils placent des graines d'oignons près d'un trou de serpent pour l'empêcher de sortir ou utilisent des œufs de poisson pour éloigner les puces !

ANIMAUX SACRÉS

La déesse BASTET et les chats, THOT et les ibis, KHNOUM et les béliers : toutes les divinités peuvent s'incarner dans leur ANIMAL favori, devenir chatte, ibis ou bélier. Ces animaux doivent donc être protégés !

Parfois, un seul animal de l'espèce est respecté. À MEMPHIS, les PRÊTRES du dieu PTAH reconnaissent son « bœuf Apis » à certaines marques : il a un pelage blanc et des taches noires au front, au cou et sur le dos. Sitôt découvert dans les prés, l'animal est installé dans l'étable sacrée du TEMPLE où il est honoré. À sa mort, il est momifié, enterré avec éclat, puis les prêtres partent à la recherche du nouveau « bœuf Apis ».

Souvent, c'est toute une race d'animaux qui est adorée comme, par exemple, les crocodiles pour le dieu Sobek, les ibis pour Thot ou les chats pour Bastet. À leur mort, ces animaux sacrés deviennent de belles MOMIES soigneusement enterrées.

Bien sûr, le dieu préféré et son animal variant d'une ville à l'autre, l'animal sacré ici est considéré comme ordinaire ailleurs.

Anubis

Avec son corps d'homme
et sa tête de chacal aux oreilles
dressées, Anubis est le dieu
de la Momification.

Selon la légende, Anubis « invente » la technique de la momification pour ramener à la vie OSIRIS, le dieu assassiné. Depuis ce jour, il attend chaque nouveau mort à la porte de l'AU-DELÀ et le conduit devant ses juges en le tenant gentiment par la main. Sous la forme d'un chacal noir couché, il surveille les cimetières, veille sur les tombes, éloigne les voleurs et les esprits dangereux. Grâce à lui, les morts ne craignent rien.

Apopis

Redoutable serpent d'une taille gigantesque, Apopis représente les forces mauvaises. Matin et soir, il attaque la barque de RÊ, le dieu Soleil. Éternel perdant, ennemi toujours blessé, repoussé, battu, Apopis, sans se décourager, attaque de nouveau le lendemain. Il est indestructible.

Armée

(VOIR LA SCÈNE DE CAMPEMENT PP.16-17)

« Pas un seul soldat
ne se querelle avec son
camarade, n'arrache le pain
ou les sandales du voyageur,
ne vole de vêtement,
ni de chèvre à qui que ce soit »,
se vante un officier.

Les soldats des premiers PHARAONS matent les ennemis, participent aux chantiers royaux (construction de pyramides et de temples) ou rapportent de lointaines régions des bois rares, de l'or, de l'encens, etc. Ils portent des armes simples mais efficaces : lances, massues, arcs et flèches.

Dans les années 2000 av. J.-C., devenus de grands conquérants, les rois demandent à leurs soldats, en plus des tâches habituelles, de participer à de longues campagnes militaires en des terres lointaines. Bien entraînée, l'armée se compose désormais d'hommes à pied et, grande nouveauté, de chars de guerre. Après les fatigues du voyage et les dangers des combats, ceux qui reviennent au pays chantent en marchant :

> *« Cette armée revient*
> *heureuse, elle a ravagé*
> *le pays des habitants*
> *des sables [...]Elle a rasé*
> *leurs forteresses [...]*
> *Elle a coupé leurs figuiers*
> *et leurs vignes [...]*
> *Elle a égorgé, là-bas,*
> *des troupes par dizaines*
> *de mille. »*

ASTRONOMIE

C'est la science qui étudie les mouvements des planètes et des étoiles.

Comme tous les Égyptiens, les prêtres-savants sont fascinés par les étoiles qui étincellent dans le ciel. Ils appellent les planètes « les astres qui ignorent le repos » et reconnaissent l'« Horus rouge », c'est-à-dire notre planète Mars, ou la « Jambe de bœuf », notre Grande Ourse. Aucun nuage ne les gêne lorsqu'ils étudient le ciel, la nuit, sur le toit de leur temple. Tout ce qu'ils voient leur sert pour s'orienter ou mesurer le temps. Ils dressent des tables astronomiques indiquant, de quinze jours en quinze jours, la position des étoiles, dessinent des cartes célestes et inventent un CALENDRIER d'une incroyable précision.

AU-DELÀ

L'ancien Égyptien croit en une autre vie après la mort, en un au-delà. Il l'imagine de bien des manières et ses croyances évoluent au cours des siècles.

Au début, seul PHARAON profite d'une vie éternelle, mais bientôt l'éternité est offerte à tous. Les uns pensent se retrouver parmi les étoiles, d'autres se voient vivre dans leur TOMBE le jour

LES SOLDATS INSTALLENT LEUR CAMPEMENT

LES CHARS

Tandis que les chevaux se nourrissent et se reposent, les soldats alignent les chars à la lisière du camp.

LES ARMES

Les soldats en prennent grand soin et les réparent si nécessaire.

DÉCHARGEMENT DES ÂNES

Nourriture, boissons et armes suivent l'armée, presque toujours à dos d'âne.

LA PALISSADE

Plantés dans le sol, les boucliers protègent le campement.

avant de regagner, au crépuscule, le monde souterrain que RÊ, le dieu Soleil, visite chaque nuit. D'autres encore s'imaginent travaillant dans les champs d'Ialou. Là, les blés poussent haut, mais il faut labourer, semer, moissonner avec l'aide de ses OUSHEBTI avant de se reposer à l'ombre d'un arbre avec des amis.
Tel est le bel Au-delà qui attend l'Égyptien s'il remplit certaines conditions. Il doit momifier son corps, posséder une TOMBE confortable, recevoir régulièrement des OFFRANDES, éviter les dangers qui l'attendent dans l'Au-delà et sortir acquitté de la terrible épreuve du JUGEMENT DES MORTS.

BARBE

En Égypte, la barbe n'est pas à la mode. Pire encore, elle est considérée comme un mauvais signe car les hommes ne la portent qu'en cas de deuil. Pourtant, les mentons des dieux s'ornent d'une étrange barbe postiche tressée et ceux des rois d'une fausse barbichette raide et courte. Seuls, dans leurs marécages, bergers et pêcheurs portent une barbe

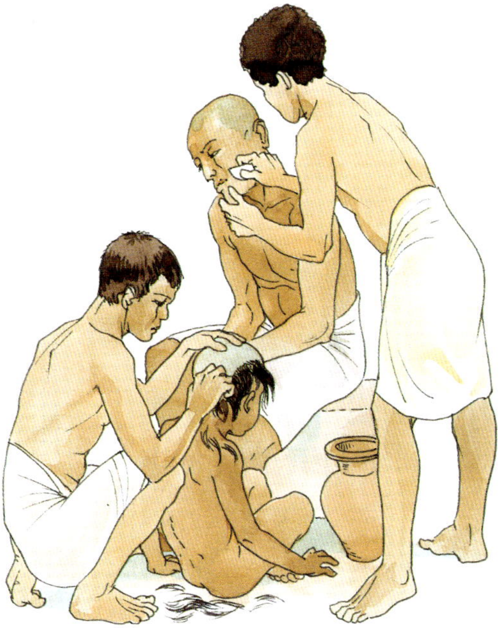

hirsute qu'ils rasent dès qu'ils rentrent chez eux. Dans les villages, les barbiers armés de rasoirs de cuivre, de pinces, de grattoirs et de ciseaux ne manquent jamais de travail.

BARQUES DU SOLEIL

Le matin, des singes accueillent gaiement RÊ, le DIEU Soleil, lorsqu'il apparaît à l'horizon du DÉSERT de l'Est. Ils récitent des hymnes en son honneur, l'applaudissent tandis que, à peine éveillés, les animaux dansent de joie, chantent, bondissent...

Alors, éblouissant, Rê monte dans sa Barque du Jour avec quelques divinités. Doucement, il traverse le ciel, naviguant à la voile... Mais le serpent APOPIS l'attaque. Le dieu SETH le défend et RÊ poursuit sa route !

Au crépuscule, le Soleil change d'embarcation et monte sur sa Barque de la Nuit pour traverser l'AU-DELÀ. Douze heures de VOYAGE pendant lesquelles les morts l'accompagnent, tirant sa barque si nécessaire. Voilà pourquoi RÊ, qui navigue sans cesse, est le seul dieu à ne jamais dormir !

BATEAUX

Tous les voyages, tous les transports pour lesquels les ÂNES ne suffisent pas se font par bateau. Rien de plus naturel puisque le pays n'est en fait qu'une étroite vallée suivant le NIL.

Des bateaux égyptiens de toutes sortes sillonnent les mers, le fleuve et les canaux.

Certains, d'une taille impressionnante, à la longue coque munie d'un éperon à l'avant, naviguent sur les mers vers le Liban, au nord, ou le pays de Pount, au sud. Ce sont des bateaux de guerre ou de commerce, car PHARAON doit aller chercher très loin du bois de qualité, de l'encens et des produits précieux.

D'autres, tout petits, faits de bottes de PAPYRUS, se faufilent dans les MARAIS. Ce sont les barques des PÊCHEURS et des CHASSEURS. Elles évitent les nombreux bateaux de bois qui naviguent sur le Nil.

Avec leur coque relevée aux deux extrémités, leurs rameurs, leur cabine sur le pont, leur mât et leur voile, tous les bateaux se ressemblent un peu. Pourtant les uns, les plus luxueux, transportent de nobles voyageurs, des rois ou des DIEUX. D'autres, plus modestes, emportent un mort vers sa tombe le jour de son ENTERREMENT ou des pèlerins vers les TEMPLES les jours de fête religieuse... D'autres encore, plats et gigantesques, sont chargés de pierres, de blé ou de troupeaux.

Mais naviguer sur le Nil n'est pas chose facile. Le pilote surveille le fleuve et son équipage. Il espère

le souffle de vent qui lui permettrait de hisser la voile. À l'avant, armé d'une pique, son capitaine sonde le fond de l'eau pour éviter les bancs de sable. Assis sur le toit de la cabine, son second, armé d'un fouet, bouscule les rameurs... Pour parcourir une cinquantaine de kilomètres, il faut compter un jour et une nuit !
Lorsque les bateaux transportent des marchandises, le travail commence au port. En file indienne, sur une planche placée entre le pont et le quai, en un incessant va-et-vient, les porteurs déversent leurs paniers ou entassent leurs sacs sur le bateau. Ils chantent pour se donner du courage :

« Allons-nous passer le jour
à porter l'orge ?
Nos bateaux sont si chargés
que l'orge coule
au-dehors.
On voudrait que nous
marchions plus vite.
Vraiment, nos cœurs sont-ils
en métal ? »

Dans quelques jours, d'autres porteurs, en chantant la même chanson, déchargeront le bateau sous un soleil brûlant.

Le voyage d'un noble.
L'enterrement d'un mort.
Le transport des marchandises.

BERGER

Après avoir cherché longtemps quels ANIMAUX élever, abandonnant l'élevage des gazelles et des hyènes, les bergers choisissent d'élever les bœufs, les ÂNES, les moutons, les porcs, les oies, les canards… et plus tard le CHEVAL.

Dans la basse-cour, il est simple d'élever des oies, des canards, des cygnes, des pigeons et même des grues. Il suffit d'une réserve pour les grains, d'un terrain avec une mare et d'un grillage autour.
Les bergers s'occupent aussi d'antilopes, de bouquetins ou de gazelles, capturés dans le DÉSERT lors des CHASSES. Attachés à un piquet près des autres bêtes, ces animaux sont engraissés, comme tout le gros bétail, avec de la pâte à pain.
Loin des étables, les bergers passent des mois dans les MARAIS avec le gros bétail.
Là, cheveux hirsutes, mal rasés et souvent nus, ils surveillent attentivement leurs bêtes, aident leurs vaches à vêler, leur choisissent de jolis noms et les écoutent...

« Les vaches disent à leur berger : " Là-bas, l'herbe est bonne. " Alors, il les mène au bon herbage qu'elles désirent et ses vaches se développent extraordinairement et vêlent souvent. »

Quand il est temps de quitter les marais, les bergers avec leurs bêtes traversent à gué, c'est-à-dire à pied, si l'eau est peu profonde, ou sur des barques canaux et bras du NIL. Ils n'oublient jamais de réciter une formule magique pour éloigner les crocodiles.

Dès leur retour, ils présentent au maître le troupeau en un interminable défilé. Les scribes comptent, notent, vérifient. Le mauvais berger qui a perdu des bêtes est bastonné.

BÈS

Nain barbu et grimaçant, tirant la langue, vêtu d'une peau de lion, Bès est un petit DIEU aimé de tous. Il éloigne les SERPENTS et les esprits méchants. Il guérit, protège les enfants, les femmes enceintes et... le sommeil.
Voilà pourquoi Bès est souvent représenté sur les appuie-tête que les Égyptiens glissent sous un coussin pour dormir, car chacun sait que ses grimaces éloignent les cauchemars !

BIÈRE

(VOIR MILLE ET UN TRAVAUX À LA CUISINE PP.24-25)

De PHARAON au PAYSAN, tous les Égyptiens boivent de la bière, leur boisson préférée. Facile à préparer, elle est agréable à déguster même lorsqu'il fait très chaud.

La recette de la bière est simple. On prépare une pâte avec de la farine d'orge, que l'on verse dans des moules. On la cuit à peine, juste le temps de dorer la croûte. On émiette ces pains à demi cuits dans de l'eau sucrée par quelques dattes. On malaxe le tout, on laisse fermenter. Puis on filtre et on transvase le délicieux liquide dans des jarres.
Hélas, les Égyptiens boivent parfois beaucoup trop de bière !

« On m'a dit que tu délaisses l'écriture, écrit un vieux SCRIBE à l'un de ses élèves. Que tu traînes de rue en rue, empestant la bière. Elle égare ton esprit et te voici comme un gouvernail brisé, qui ne sert plus à rien. On t'a trouvé faisant de l'acrobatie sur un mur, les gens fuyant

devant tes coups… Ah, si tu voulais bien avoir au cœur autre chose que… la bière ! »

BIJOUX

Tous les Égyptiens, hommes et femmes, aiment les bijoux. Selon leurs moyens, ils en portent de simples ou de somptueux. Colliers, **AMULETTES**, bracelets au bras ou à la cheville, bagues et, plus tard, boucles d'oreilles, rivalisent d'élégance.

Pour créer leurs bijoux, les orfèvres travaillent l'OR ou l'argent. Ils taillent des perles rondes, ovales ou en forme de larme dans de superbes pierres précieuses : le lapis-lazuli bleu sombre, la malachite verte, la turquoise bleu vif, l'ivoire blanc, la cornaline brune ou, plus modestement, en faïence bleu-vert. Ils enfilent ces perles sur des cordons de LIN ou les incrustent dans l'or ou l'argent en colliers magnifiques. Pour les princes et les princesses, ils multiplient les rangs de perles et les maintiennent en place, dans le dos, par un contrepoids d'or pur. Ils sculptent aussi des bracelets

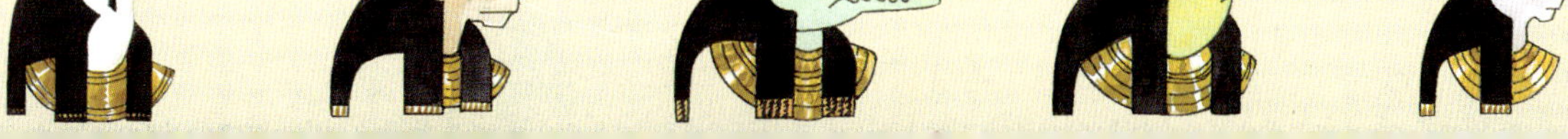

MILLE ET UN TRAVAUX À LA CUISINE

LA CUISSON

Viandes, poissons et légumes sont rôtis sur des braises, cuits dans des marmites ou séchés.

POISSONS ET OISEAUX

Les serviteurs les écaillent ou les plument, puis les vident avant de les cuire sur les braises d'un réchaud de terre cuite.

LE PAIN

Après chaque fournée, les moules à pain s'entassent dans un coin de la cuisine. On les retourne afin que reptiles et insectes ne s'y installent pas.

LIVRAISON DES OISEAUX

Jusqu'à la cuisine, les serviteurs tiennent fermement les oiseaux par les ailes ou par les pattes.

(SUITE BIJOUX)

dans la corne, l'os ou l'ivoire, cisèlent de larges anneaux et de lourds pendants d'oreilles. Les orfèvres font des merveilles !

CALENDRIER

Grâce à leurs observations, les PRÊTRES-savants qui scrutent si bien le ciel mettent au point un calendrier incroyablement précis. Ils divisent l'année en 12 mois de 30 jours, ce qui fait 360 jours, et ajoutent 5 jours supplémentaires en fin d'année, ce qui fait 365 jours. Ce calendrier, vieux de plusieurs milliers d'années, est à l'origine du nôtre !

Le Premier Jour de l'An est toujours fêté lorsque l'étoile Sothis (notre Sirius) réapparaît dans le ciel, au milieu de juillet.

Une journée égyptienne se compose de 24 heures : 12 heures de jour et 12 heures de nuit. Ce système a un léger inconvénient car, en été, les « heures » du jour sont plus longues que les « heures » de la nuit. Mais cela ne modifie en rien la vie des PAYSANS qui travaillent dans les champs tant que le soleil brille.

CARRIÈRE DE PIERRE

Les DÉSERTS fournissent aux artisans royaux des matériaux de choix : pierres précieuses pour les BIJOUX et lourdes pierres pour les TEMPLES, les STATUES et les vases.

Selon ses besoins, PHARAON envoie une EXPÉDITION pour chercher calcaire blanc, basalte sombre, albâtre translucide, granit rose ou noir... Alors, sous le soleil brûlant du désert, ses carriers se mettent au travail. Ils utilisent les blocs tombés naturellement de la montagne ou taillent le roc et creusent des galeries pour découper des pierres aux dimensions voulues par les SCRIBES.

Dans certaines roches, ils forent des encoches, y enfoncent des morceaux de bois pointus et versent de l'eau dessus. En gonflant, le bois mouillé fait éclater la roche qui se détache de la paroi. Ailleurs, ils attaquent le roc avec une pierre dure, scient, tapent, poussent, détachent un bloc de pierre et le hissent sur un traîneau. Alors, un pénible TRANSPORT commence sur la piste du désert jusqu'au NIL.

CHADOUF

Cet étrange appareil à bascule servant à tirer l'eau du **NIL** n'existait pas au temps des premiers **PHARAONS**. C'est une formidable invention !

Au lieu de remplir ses POTS sur la rive, de les accrocher au bout d'une perche, de les porter au bon endroit, de les vider et de redescendre sur la rive, le paysan installe un chadouf ! Au bord de l'eau, il plante un arbre ébranché plus haut que lui et installe dans sa fourche une perche pouvant basculer. Il fixe à une extrémité de la perche une pierre, à l'autre une corde où il accroche un pot. En tirant la corde vers le bas, son pot atteint le niveau de l'eau. Dès qu'il est rempli, il tire la corde vers le haut, verse l'eau du pot dans les rigoles qui sillonnent ses plantations et recommence pendant des heures, jour après jour, jusqu'à la moisson.

CHAISE À PORTEURS

Utilisée par les gens importants, la chaise à porteurs est un signe incontestable de richesse. On la surnomme le « mille-pattes ».

Posé sur de longues perches que des serviteurs portent sur leurs épaules, ce siège en bois, étroit et bas, est inconfortable, mais préférable à la marche à pied sous un soleil brûlant. À côté de la chaise du maître armé de son chasse-mouches, ses serviteurs trottinent. Les uns portent des ÉVENTAILS, les autres ses sandales, des parasols ou des paniers remplis de nourriture et de boissons.

Cependant, dès que les CHEVAUX et les chars arriveront en Égypte, la vieille chaise à porteurs sera souvent délaissée. Seul PHARAON l'utilisera encore les jours de FÊTE, mais il s'agira désormais d'un trône magnifique posé sur un plateau porté par de nombreux serviteurs.

CHAMPOLLION

(1790-1832)

Né en 1790, Jean-François Champollion parvient à déchiffrer les HIÉROGLYPHES, langue que plus personne ne comprend depuis quinze siècles.

Dès son plus jeune âge, Champollion étudie les langues anciennes, dont le copte, utilisé par les chrétiens d'Égypte. Depuis la découverte de la PIERRE DE ROSETTE, en 1799, de nombreux savants veulent percer le mystère de cette écriture oubliée. Champollion redouble d'efforts et, peu à peu, déchiffre les noms royaux gravés sur cette STÈLE. À force de travail, il comprend quelques mots, une phrase, y ajoute des mots nouveaux. Bientôt, il rédige un dictionnaire et une grammaire

des hiéroglyphes. Puis il voyage, étudie les collections égyptiennes d'Italie et les monuments antiques d'Égypte. Sans cesse, Champollion travaille, écrit, déchiffre.
Il meurt à 42 ans, épuisé par tant d'activité. C'est grâce à lui que nous comprenons aujourd'hui les hiéroglyphes.

CHAPELLE OU TEMPLE FUNÉRAIRE

Qu'elles soient petites ou grandes, les TOMBES ont toujours une chapelle afin que les vivants puissent rendre visite à leur mort : c'est la partie du tombeau ouverte à tous. Les Égyptiens se rendent souvent auprès de leurs chers défunts. Ils entrent dans la chapelle et déposent nourriture et boissons devant la STÈLE FAUSSE-PORTE pour que le mort se nourrisse dans sa nouvelle vie.

«Milliers de PAINS et de cruches de BIÈRE, disent-ils, de bœufs et de volailles, de graisse et de térébinthe, de linge et de cordes, de toutes choses bonnes et pures...»

Bien entendu, certains rois ne se contentent pas de si modestes chapelles. Ils se font construire de gigantesques temples funéraires où des centaines de PRÊTRES s'occupent de leur bien être dans l'AU-DELÀ. On les appelle les « Châteaux de Millions d'Années » !

CHASSE DANS LE DÉSERT

La chasse est l'un des passe-temps préférés des nobles, un SPORT apprécié, mais aussi le moyen de se défendre contre les ANIMAUX dangereux, de se procurer des PLUMES D'AUTRUCHE et de manger du gibier.

Dans une vallée désertique escarpée, les chasseurs plantent des piquets et dressent des filets, ne laissant qu'une seule ouverture. Ils déposent dans l'immense enclos ainsi créé de l'eau, de la nourriture et s'éloignent.
Bientôt, oryx, gazelles, hyènes, autruches et lions arrivent... Alors, à pied ou sur leur char, selon les époques, les hommes reviennent

avec leurs arcs, leurs flèches, leurs cages, leurs cordes et leurs féroces lévriers. Surpris, le gibier n'a pas d'issue ! Bientôt, les chasseurs rapportent des cages pleines d'animaux, des lièvres suspendus par les oreilles ou des hyènes accrochées à une perche par les pattes.

Comme certains de ses nobles, PHARAON préfère foncer sur son char vers un troupeau d'antilopes ou vers des lions. Il les poursuit et les massacre d'une seule flèche ! Chasser dans le désert fait partie de son « travail ». Ainsi, le roi protège son royaume de manière magique car il tue les animaux sauvages qui sont des supports des forces du mal : ennemis, démons ou REVENANTS.

CHASSE DANS LES MARAIS

Sur une barque élégante, le roi ou un noble Égyptien chasse en FAMILLE. Il se faufile entre les PAPYRUS et, soudain, lance son boomerang vers un vol de canards sauvages tandis que sa femme et ses enfants cueillent des LOTUS. Bientôt, le voilà qui harponne de gros poissons ou un hippopotame ! Le combat est rude. Heureusement, ses serviteurs sont là pour l'aider.

Moins sportive, la chasse au filet permet de capturer de nombreux oiseaux vivants en une seule prise. Les chasseurs plantent quatre piquets de part et d'autre d'une

mare, étalent d'immenses filets et s'éloignent. Un guetteur se cache dans les fourrés. Lorsqu'il lève le bras, ses compagnons actionnent le piège. Les filets se soulèvent et se rabattent brusquement sur les oiseaux barbotant dans la mare. Alors, les chasseurs accourent avec des cages et les remplissent, une à une, de ces beaux prisonniers.

CHEVAUX ET CHARS

Vers 1600 av. J.-C., le cheval arrive en Égypte. Il vient d'Asie.

Animal noble et précieux, traité avec égards, le cheval est un signe de richesse. Les rois et les grands utilisent toujours les chevaux, attelés à un char, à la guerre, pour leurs petits VOYAGES, leurs visites importantes, leurs tournées d'inspection et leurs CHASSES. Ils montent un char léger à deux roues, en bois, en cuir et en métal, un char à deux places élégant et solide. Sur les chemins caillouteux et poussiéreux, l'un des passagers tient les rênes tandis que l'autre parade, chasse ou se bat. Dans de telles conditions, il est impossible d'aller bien loin et le BATEAU reste toujours la meilleure solution pour se déplacer.
Les rois et les grands ne montent jamais sur un cheval, cela ne se fait pas plus que de monter sur un ÂNE. Seul le cavalier porteur de messages royaux urgents voyage ainsi.

CHIFFRES ET OPÉRATIONS

Pour écrire « un », le SCRIBE trace un trait vertical, pour « dix » un arceau, pour « cent » une corde, pour « mille » un lotus, pour « dix mille » un doigt et pour « cent mille » un têtard... Il ne manque à ce superbe système décimal que le zéro, marqué parfois par un espace.
Ainsi, le scribe note tout ce qu'il veut en commençant par le plus grand nombre et en écrivant autant de fois que nécessaire le même dessin. Rien de plus facile : 143 652 = un têtard, quatre doigts, trois lotus, six cordes, cinq arceaux et deux traits.

Avec ce système, les additions et les soustractions sont aisées, mais les multiplications restent délicates. Par approches successives, en faisant de nombreuses multiplications par deux, le scribe arrive à ses fins. Quant aux divisions, il tâtonne en effectuant des multiplications. Mais cela ne le gêne ni ne le décourage car l'important est d'obtenir le bon résultat.
Par exemple, pour multiplier 8 par 13, le scribe présente ainsi son opération :

1 .... 8 (soit 1 x 8)
2 ....16 (soit 2 x 8)
4 ....32 (soit 2 x 16)
8 ....64 (soit 2 x 32)

Puis il choisit ce qui convient dans la colonne de gauche pour arriver à 13 : 1 + 4 + 8 = 13
Il prend alors les résultats correspondants dans la colonne de droite et les additionne :

8 + 32 + 64 = 104
Donc 8 x 13 = 104.

C'est juste !

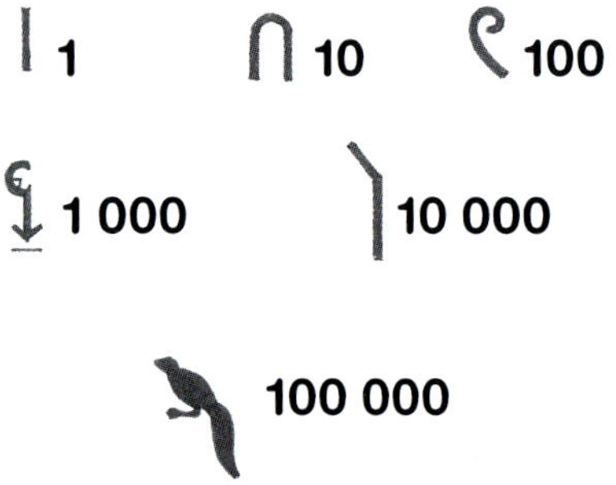

CHRONOLOGIE

La chronologie est la science des dates historiques, de leur bonne mise en ordre.

Les Égyptiens n'ont jamais écrit leur histoire, ne laissant que des noms de PHARAONS avec leurs titres, leurs merveilleuses qualités et parfois les récits de leurs belles victoires.
Malgré un CALENDRIER ingénieux, ils comptent les années en repartant de zéro à l'avènement de chaque nouveau roi. Ils écrivent simplement : « An 7 de Ramsès ». Pour s'y retrouver, après avoir numéroté les rois qui portent les mêmes noms (il y eut onze Ramsès), les historiens les replacent, quand c'est possible, les uns par rapport aux autres. La tâche est délicate car, à certains moments, il n'y a plus de roi ou, au contraire, plusieurs rois règnent en même temps !

COIFFURES ET PERRUQUES

Au **PALAIS** royal comme dans les **VILLAGES**, les barbiers démêlent les cheveux avec de jolis peignes en bois ou en ivoire. Puis ils les coupent avec leur rasoir avant d'ôter **BARBES** et moustaches. Ils rasent les crânes des enfants pour éliminer les poux, ne leur laissant, parfois, qu'une mèche bouclée sur la tempe droite (le dessin de cette mèche est le **HIÉROGLYPHE** signifiant « enfant »).

En général, les hommes portent une coiffure ronde et courte et les femmes des cheveux longs. Tresses, mèches délicates, bandeaux multicolores, fleurs, ou **BIJOUX** : il existe mille et une manières d'être coiffé à la mode ! Les riches Égyptiens et Égyptiennes aiment les perruques, qu'ils n'oublient pas d'emporter avec eux dans leur **TOMBE** pour être toujours bien coiffés, même dans l'**AU-DELÀ**.

COLOSSE

Un colosse est une **STATUE** d'une grandeur extraordinaire. Pour mieux imaginer ce qu'est un colosse de près de 30 m de haut, il suffit de savoir qu'un seul de ses yeux mesure plus de 40 cm et un gros orteil, 60 cm !

Pourquoi les anciens Égyptiens ont-ils sculpté de telles statues, si difficiles à transporter et à installer ? La réponse est simple : ils obéissent à **PHARAON**, qui, parfois, veut que ses statues, placées dans les **TEMPLES**, soient vues de tous, au moins leur visage et leur couronne. Pour cela, elles doivent dépasser de l'énorme enceinte entourant le temple. La statue doit donc être gigantesque ! Ainsi, visibles par tous, les colosses royaux « écoutent les prières » des hommes, qui n'oublient pas que Pharaon est un **DIEU**.

CONTES ET POÈMES

Les **SCRIBES**, qui aiment tant écrire, ont laissé de très beaux textes aussi nombreux que variés : contes, sagesses, hymnes religieux, poèmes et chansons.

Aujourd'hui encore, il est agréable de lire l'*Histoire de Sinouhé* vivant loin de son pays, les *Mésaventures du Paysan bavard*, le conte du *Prince prédestiné* ou du *Naufragé* échoué sur l'île du Serpent.
À côté de ces récits enchanteurs, des textes fort sérieux, les « Sagesses », donnent des conseils pour bien se tenir dans la vie. Elles ressemblent à une lettre d'un père à son fils, d'un roi à son héritier :

« Inspire l'amour à tout
le monde, un bon caractère
reste dans le souvenir [...]
La royauté est un bon métier. »

Quant aux hymnes religieux, véritables poèmes à la gloire des DIEUX, ils ne peuvent nous faire oublier le *Poème du Désespéré* qui demande :

« À qui parler aujourd'hui ?
Quand il n'est plus de gens de
bien. À qui parler aujourd'hui ?
Quand je suis chargé de
misère et sans ami...
À qui parler aujourd'hui ?
Quand le mal frappe
le pays... »

Heureusement, la joie de vivre des Égyptiens éclate dans leurs poèmes d'amour.

« Je vis parce que
je t'entends,
écrit l'amoureux.
Toutes les fois que je te vois,
c'est meilleur pour moi que
de manger et de boire... »

Avec des mots plus simples, les Égyptiens chantent pour rythmer leur travail, se donner du courage ou tromper l'ennui.

« Quelle belle journée !
chante le laboureur. On est
au frais. Les bœufs tirent. Le
ciel fait selon notre désir... »

COUDÉES ET MESURES

Les noms désignant des mesures de longueur font penser à certaines parties du corps. Il y a la coudée qui correspond à 52 cm, la palme à 8,7 cm et le pied à 34,6 cm. Chacun sait qu'une coudée équivaut à 6 palmes ou à 1 pied et demi !

Pour mesurer les petits objets, le **SCRIBE** utilise une coudée en bois, sorte de règle graduée avec des repères inscrits en **HIÉROGLYPHES**. Mais, pour mesurer un champ, il prend une corde de 100 coudées. Sur cette corde, des nœuds indiquent des segments bien réguliers. Le scribe compte tandis que ses deux aides tendent la corde entre eux autant de fois que nécessaire.

Une coudée.

CULTE DES DIEUX

Trois fois par jour, pour tous les **DIEUX**, petits ou grands, dans tous les **TEMPLES**, les **PRÊTRES** servent les divinités comme d'autres servent **PHARAON** en son palais. Au nom du roi, ils lavent la statue du dieu, la parfument, l'habillent de vêtements propres, la couvrent de bijoux chantent ses louanges et la nourrissent en déposant devant elle à boire et à manger. Puis ils nettoient sa demeure à grands coups de balai et purifient l'air avec l'encensoir.

« Je suis venu pour faire ce que l'on doit faire... », dit le Grand Prêtre en commençant la **TOILETTE DU DIEU**.

Même si les Égyptiens ne participent pas au culte, rien ne les empêche, à certaines époques, moyennant peut-être un « cadeau » aux prêtres, d'entrer dans la grande cour du temple. Là, ils implorent le dieu et déposent au pied de sa statue une stèle gravée de nombreuses oreilles, moyen magique de contraindre le dieu à l'écouter. Car ils savent que « le dieu n'exauce que celui qui l'implore ».

CULTE DES MORTS

Régulièrement, les vivants apportent à leurs morts, qui mènent une nouvelle existence dans l'**AU-DELÀ**, des **OFFRANDES**, nourritures et boissons, dans leur **CHAPELLE FUNÉRAIRE**. Ils n'oublient pas les prières et l'encens, dont les fumées plaisent tant. Cela permet au défunt d'éviter une seconde mort, définitive celle-là.

DANSES ET ACROBATIES

Indispensable à toutes les fêtes, la danse fait partie de la vie. Au palais ou au village, on danse simplement pour s'amuser !

Lors des **FÊTES ET FESTINS**, les danseuses exécutent de nombreuses figures fort gracieuses. Elles rythment leurs mouvements en frappant dans leurs mains. Parfois, des **MUSICIENS** les accompagnent à la harpe ou à la flûte. Presque nues, ces charmantes jeunes filles sautent, tourbillonnent, arrondissent les

bras, bondissent, réussissent des pirouettes incroyables, sautillent, font la roue… Les unes frappent sur des tambourins, les autres agitent des castagnettes, d'autres encore jonglent, lançant haut leurs petites balles multicolores.

DÉBENS ET COMMERCE

Comme la « monnaie » n'existe pas, les anciens Égyptiens pratiquent le **TROC** en utilisant des équivalents imaginaires : le dében, qui pèse 91 g, et le qité, qui en pèse 9. Ils les imaginent en or ou en argent pour les achats importants, en cuivre pour la vie de tous les jours. Mais il n'y a jamais d'or, d'argent ou de cuivre entre les mains des vendeurs et de leurs clients. C'est une manière de s'exprimer : on ne pèse ni n'échange de pièces de métal. Le vendeur propose son pot de miel pour une valeur de 1 qité d'argent. L'acheteur lui offre en échange des objets valant aussi 1 qité d'argent. Vêtements, légumes, sandales, sarcophages, bière... Tout peut se vendre et s'acheter. Il suffit de discuter.

DÉSERT

Dunes de sable, montagnes escarpées, vallées desséchées, pistes et OASIS : le désert aux multiples facettes commence là où s'arrête le NIL lors de L'INONDATION.

Tous les Égyptiens craignent ces vastes étendues brûlées par le soleil où vivent de rares bédouins qui, disent-ils, ne songent qu'au pillage et des ANIMAUX sauvages cachés parmi les herbes rares et les épineux.
Ils y creusent leurs TOMBES où se croisent familles en deuil, PRÊTRES et OUVRIERS travaillant dans le cimetière, sans oublier les morts qui, c'est bien connu, se promènent parfois sur Terre !
Les Égyptiens ne se risquent dans le désert que s'ils y sont obligés. Ils ont peur de se perdre dans ce « pays de la soif » aux puits trop rares le long des pistes. Ils y vont cependant. Certains y recueillent le MIEL des abeilles sauvages et la résine de térébinthe qu'on brûle dans les TEMPLES pour plaire aux dieux et dans les MAISONS pour chasser vermine et insectes. D'autres travaillent dans les MINES ou partent se battre pour le roi. Ils inventorient les richesses du désert, notant ces précieux renseignements sur des PAPYRUS, les plus anciennes cartes du monde.
Pour leur sécurité, les voyageurs s'arrêtent dans les chapelles bâties au départ des pistes. Ils lisent les inscriptions, s'ils savent lire, ou les touchent avant de s'enfoncer dans le désert avec leurs ÂNES chargés d'eau et de pain. « Les DIEUX nous protègent ! » espèrent-ils.

DIEUX ET DÉESSES

(VOIR QUELQUES DIEUX
ET DÉESSES PP. 40-41)

Les centaines de divinités égyptiennes ont parfois des aspects bien étranges. Les unes ressemblent à des humains, les autres à des animaux, d'autres encore portent une tête d'animal sur un corps d'homme ou de femme. Mais toutes jouissent de pouvoirs immenses et se transforment à volonté. Toutes possèdent des os d'argent, des chairs d'or, des cheveux de lapis-lazuli, cette belle pierre précieuse bleu sombre, et un parfum délicieux. Toutes vivent des aventures incroyables où l'on parle de vengeance, d'amour, de mensonge, de magie, de pouvoir et de voyages. Toutes interviennent dans la vie des hommes, protégeant les uns, punissant les autres.
Adorées dans une VILLE, certaines divinités sont à peine connues ailleurs. En outre, leur popularité change au fil des siècles : RÊ est le grand dieu de la ville d'HÉLIOPOLIS, PTAH de MEMPHIS, AMON de THÈBES, etc.
Cependant, dans les années 1600 av. J.-C., certaines divinités finissent par fusionner. Ainsi, Bastet la chatte et Sekhmet la lionne se mêlent tant et si bien qu'elles ne sont plus qu'une seule déesse ayant deux aspects : un côté aimable de chatte et un côté redoutable de lionne. Autre exemple, AMON fusionne avec RÊ, et Amon-Rê prend peu à peu les caractères de tous les autres dieux. C'est un véritable regroupement divin !
Mais, laissant les grandes divinités aux bons soins des PRÊTRES enfermés dans leurs TEMPLES, les Égyptiens préfèrent souvent s'adresser à leurs petits dieux locaux, plus proches d'eux, plus accessibles. « C'est le dieu qui mène au bonheur », écrivent-ils sous leur SCARABÉE-AMULETTE.

DYNASTIE

C'est une succession
de rois appartenant
à une même famille.

Ce regroupement des pharaons par dynasties nous est parvenu grâce au prêtre MANÉTHON. On compte ainsi trente dynasties de PHARAONS. La première débute dans les années 3200 av. J.-C. et la dernière s'éteint trois mille ans plus tard, sous la domination romaine avec Cléopâtre.

ÉCOLE

« Mets ton cœur derrière les livres et aime-les comme ta mère, car il n'y a rien qui surpasse les livres, conseille un père à son fils. Applique-toi à devenir **SCRIBE**, afin de diriger tous les hommes. Ce métier apporte agréments et richesses. »

La plupart des jeunes Égyptiens ne vont pas à l'école. Cette école n'a qu'un seul but : former des **SCRIBES**. Cela ne les concerne pas puisqu'ils apprennent en **FAMILLE** leur futur métier. Seuls les enfants des personnes importantes et des scribes apprennent à lire, écrire et compter. À la cour, **PHARAON** confie princes et princesses à des précepteurs, et ses proches envoient leurs enfants étudier avec eux. C'est l'École du Palais. Les administrations royales et les **TEMPLES** ont leurs propres écoles, pour garçons seulement. Les filles restent à la maison.

Tôt levé, le petit écolier, fils de scribe et futur scribe, prépare son panier. Il emporte du pain, une cruche d'eau ou de **BIÈRE**, sans oublier son matériel : roseaux taillés, encre et tablette de bois recouverte d'une couche de plâtre facile à laver et à réutiliser.
Aussitôt arrivé à l'école, le jeune garçon s'exerce à écrire des **HIÉROGLYPHES** isolés ou des signes hiératiques, sorte de hiéroglyphes simplifiés. Quelques mois plus tard, familiarisé avec l'écriture, il fait des dictées, copie de beaux textes qu'il récite à haute voix avec ses amis. Orthographe, grammaire, écriture, étude du style, mathématiques, dessin, connaissance des textes classiques, des histoires divines, des règlements, de la géographie, des principales

QUELQUES DIEUX ET DÉESSES

HÉQET,
la grenouille, déesse des Naissances.

BASTET,
la chatte, déesse de la Joie et de la Musique.

SÉKHMET,
la dangereuse déesse lionne.

SOBEK,
le crocodile, dieu de la Fertilité.

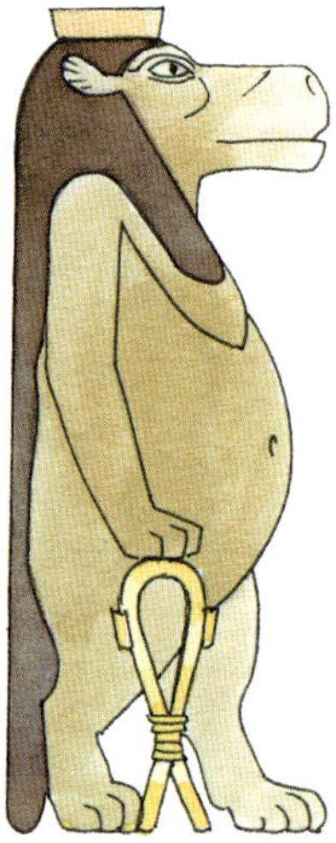

THOUÉRIS,
l'hippopotame, déesse protectrice des enfants.

HÂPY,
le dieu du Nil et de la Fécondité.

LA FAMILLE DE RÊ

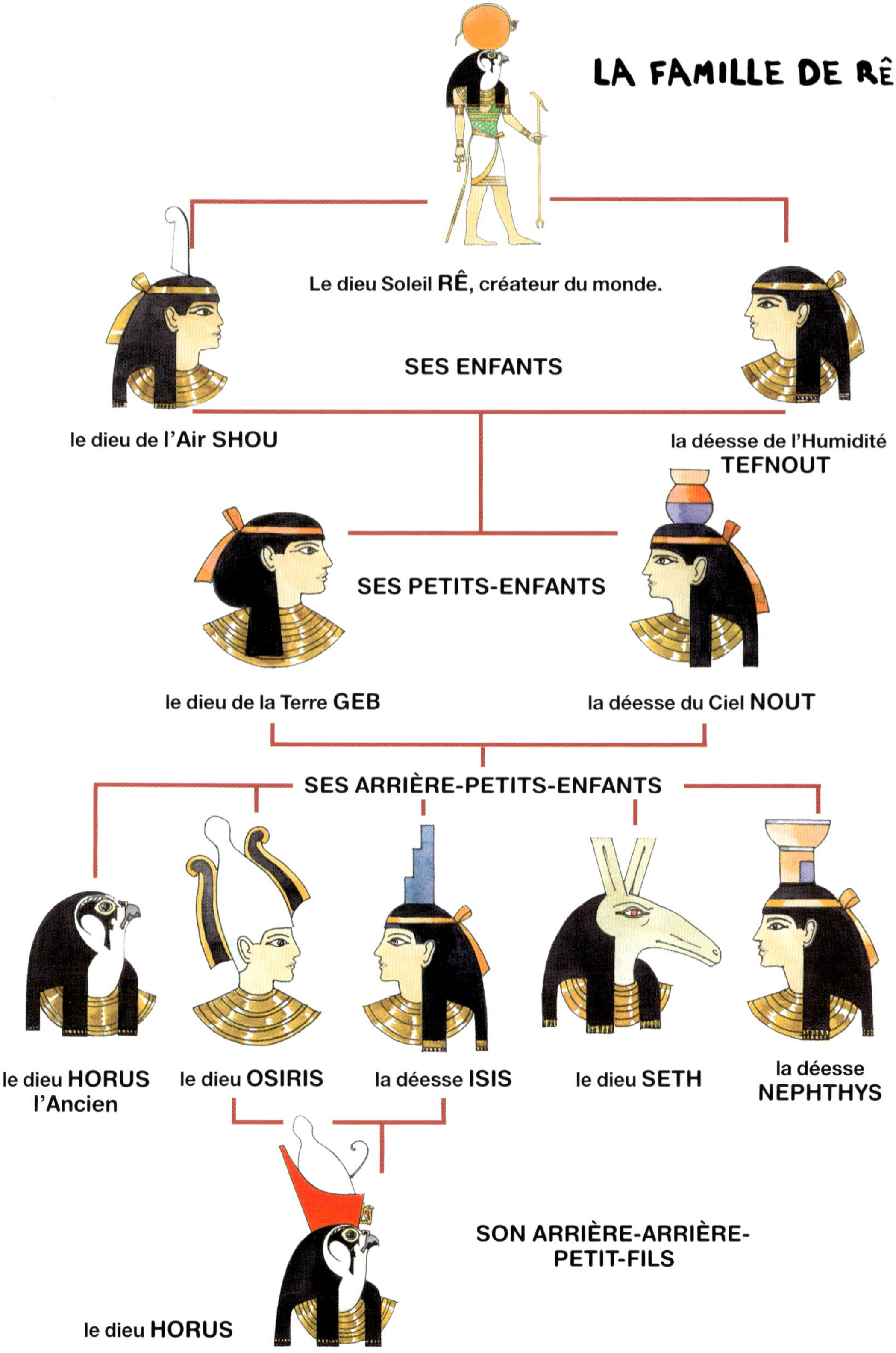

(SUITE ÉCOLE)

techniques… Le travail ne manque pas et la discipline est stricte.

« Les oreilles du jeune garçon sont sur son dos : il écoute quand on le frappe », répète le maître armé de son bâton.

ÉMISSAIRES DANGEREUX

Un émissaire est une personne chargée d'une mission spéciale.

Véritables petits démons, les émissaires de la DÉESSE lionne Sekhmet lui obéissent aveuglément. Rapides, efficaces, dès que l'ordre leur en est donné, ils saisissent leur arc, leurs flèches et descendent sur Terre. Ils repèrent les victimes désignées par la déesse et tirent, semant la MALADIE, les épidémies et la mort. Hélas, ils ne manquent jamais leur but !
Tous les Égyptiens craignent leur venue, surtout pendant les JOURS NÉFASTES. Ils espèrent que, dans leurs temples, les PRÊTRES de Sekhmet apaiseront leur déesse par des cérémonies longues et compliquées. Ils savent que Sekhmet la redoutable peut aussi guérir. Ils se rassurent car ses prêtres, qui connaissent trés bien leur déesse, sont devenus les meilleurs MÉDECINS du royaume.

ENTERREMENT

Selon leurs moyens financiers, les Égyptiens ne sont pas traités de la même façon le jour de leur mort.

L'enterrement d'un Égyptien pauvre est aussi rapide que modeste. Ses proches déposent son corps et quelques OFFRANDES dans une fosse commune creusée dans le DÉSERT. Puis, après un bref adieu, ils le recouvrent de sable.
D'autres, un peu plus riches, bénéficient d'un SARCOPHAGE trés rudimentaire. Leur famille glisse près du cadavre un bijou, des outils et un peu de nourriture. Elle emporte le tout dans un vieux tombeau abandonné qui sert de TOMBE commune où les cercueils s'entassent.
Pour un très riche Égyptien, il en va tout autrement. Famille, amis, prêtres, serviteurs et PLEUREUSES

entourent la **MOMIE** du défunt enfermée dans un magnifique sarcophage. En un superbe convoi funèbre, ils partent dès l'aube vers le cimetière. Parfois, le cortège traverse le **NIL** pour gagner le tombeau. La route est longue. En tête viennent les serviteurs porteurs de fleurs, de **JARRES** et de vases, de coffres, de sièges et de lits, d'**ÉVENTAILS**, de **PARASOLS**, de **BIJOUX**, de **JEUX**, de nourritures et de boissons... Posé sur un traîneau tiré par deux vaches, le sarcophage suit cet étrange déménagement. Les prêtres l'encensent tout en récitant les rituels. Les pleureuses gémissent. La famille et les amis ferment le cortège en évoquant les qualités du défunt, les coups du sort, la mort qui emporte trop vite ceux que l'on aime.

« Ne me quitte pas, se désole la femme du défunt. Tu es si beau [...]. Comme je suis à présent loin de toi, seule [...]. Toi qui aimais tant parler avec moi, tu te tais à présent [...]. Quel malheur ! »

La chaleur augmente. Le chemin monte, le cortège ralentit. Il arrive enfin. Alors, tandis que les serviteurs installent dans le caveau tous les objets apportés, les prêtres font ce qui doit être fait et disent ce qui doit être dit devant le sarcophage dressé à l'entrée de la tombe. Puis ils le descendent dans son caveau que des ouvriers ferment aussitôt.
Pendant ce temps, fatigués, famille et amis partagent un repas dans la cour de la tombe avant de rentrer chez eux.

ESCLAVE

Prisonniers de guerre ou étrangers fuyant une période de famine et de troubles dans leur pays, ces nouveaux esclaves travaillent dur pour PHARAON. Les travaux les plus pénibles leur sont réservés. Parfois, leur situation change vite car, en Égypte, les étrangers s'intègrent facilement dans la population. Hélas, étrangers asservis ou simples Égyptiens, nombreux sont ceux qui vivent comme des esclaves. Par milliers, ils connaissent les travaux forcés dans des conditions épouvantables sur les grands chantiers. Ils bâtissent palais, temples et pyramides, creusent des tombeaux, à moins qu'ils ne s'épuisent au fond des mines d'or ou dans les CARRIÈRES de pierres dures.

ÉVENTAILS ET PARASOLS

En Égypte, pays du soleil et de la chaleur, toute personne de qualité exige d'avoir près d'elle des porteurs de parasols et d'éventails.

Simple à confectionner, le parasol se compose d'un long manche en bois et d'une structure légère maintenant une toile tendue parfois ornée de franges.
Quant au long manche de l'éventail, il se termine par un ali-

gnement élégant de superbes PLUMES D'AUTRUCHE. Lorsque leur maître se promène à pied ou en CHAISE À PORTEURS, les serviteurs ont parfois bien du mal à l'éventer et à le maintenir à l'ombre. Ils ne doivent trottiner ni trop vite ni trop lentement...

EXPÉDITIONS ROYALES

Lorsqu'il en a besoin, PHARAON envoie une expédition forte parfois de plusieurs milliers d'hommes loin du NIL et de sa vallée accueillante.

Missions vers la Nubie, l'Asie, les OASIS ou la mer Rouge, il faut toujours traverser le DÉSERT pour partir à la guerre, aller chercher dans les MINES de ses vallées desséchées et dans des pays lointains ce qui n'existe pas en Égypte : bois de qualité, OR, lapis-lazuli...
Aucun désert n'est infranchissable pour un pays aussi bien organisé que le royaume de Pharaon. Il suffit pour les responsables de l'expédition de prévoir la quantité d'eau, de PAIN, de BIÈRE, d'armes à emporter, le nombre d'hommes et d'ÂNES. Généraux, SCRIBES, ingénieurs, chef des ARTISTES, chefs carriers, tailleurs de pierre, soldats, ESCLAVES : personne ne manque !
Les plus célèbres expéditions royales vont jusqu'au pays de Pount, loin sur la côte, au sud-est de l'Égypte. Pharaon se réjouit de recevoir de ces terres lointaines gommes parfumées, ébène, térébinthe, ivoire et or. Il rêve en écoutant ses envoyés lui décrire les huttes sur pilotis des habitants de Pount.

FAMILLE

Un mari, une femme et des enfants : voilà la famille égyptienne ! Les bébés naissent nombreux, mais meurent souvent très jeunes.

Le jour du mariage, la jeune fille quitte en cortège la MAISON de son père pour s'installer dans celle de son fiancé avec sa dot (un peu de vaisselle, un coffre, un ou deux tabourets et du linge). À la MAISON DE VIE, un SCRIBE enregistre le mariage en notant

les noms des époux, puis on célèbre gaiement ce jour de fête !

« Aime ta femme […]
comme il le faut. Nourris-la,
habille-la […] Fais-lui plaisir
aussi longtemps
que tu vivras. »

Bientôt naissent les enfants, qui grandissent tranquillement, choyés par leurs parents. Ceux, que la **MALADIE** n'a pas tués apprennent le métier de leur père dès six ans à l'**ÉCOLE**, aux champs ou à l'atelier.

« Un homme qui est fort désœuvré ne devient rien de bon », leur rappelle-t-on souvent.

FANTÔME

S'il le souhaite, le mort sort de sa **TOMBE** et revient sur Terre. Parfois, il veut simplement se promener, revoir l'endroit où il vécut heureux. Mais s'il est mécontent de son sort dans l'**AU-DELÀ** (car, désormais, sa vie dépend de l'attitude des vivants, qui lui apportent ou pas des **OFFRANDES**), alors il est capable de tout ! Il terrorise famille et amis, leur joue de mauvais tours, enlève bébés et jeunes animaux. Il persécute ainsi nuit et jour ceux qui le gênent ou oublient de lui apporter les offrandes désirées. Parfois, les fantômes sont si déplaisants qu'on n'hésite pas à leur écrire pour leur demander de laisser les vivants en paix !

FAUSSE-PORTE

Une pierre de très grande taille se dresse sur l'un des murs de la **CHAPELLE FUNÉRAIRE**. Sculptée de façon à faire croire qu'il s'agit d'une vraie porte, elle ne s'ouvrira pourtant jamais car elle est faite d'un seul bloc de pierre. Juste

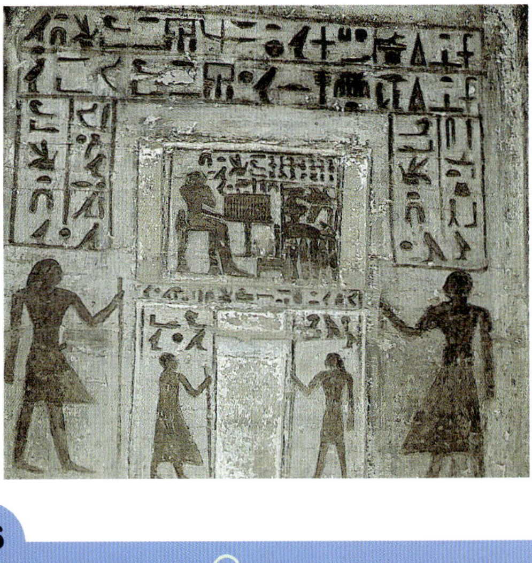

devant cette fausse-porte où sont gravés des prières funéraires et le nom du défunt est installée la table d'offrandes où l'on dépose nourritures et boissons. Quand il le souhaite, le mort sort de son **SARCOPHAGE**, traverse sa fausse-porte, mange et boit toutes les bonnes offrandes déposées pour lui. De temps en temps, il se promène en **FANTÔME**, gentil ou menaçant. Il repasse par sa fausse-porte pour rentrer dans son sarcophage et s'y reposer.

FEMME

Belle femme aux longs cheveux noirs, bonne épouse et bonne mère, choyée par son mari, dit-on, aimée et respectée par ses enfants, l'Égyptienne est avant tout une merveilleuse maîtresse de maison veillant au bonheur de sa famille.

Au palais, la Reine Mère du roi ou la Grande Épouse Royale joue, parfois, un important rôle de conseillère auprès de **PHARAON**. Les princesses vont à l'école du palais, comme les petits princes. Au village, les femmes sont aussi admirables à la maison, où elles s'occupent des jeunes enfants, du linge et de la cuisine, que dans les champs où elles effectuent certains travaux. Au temple, elles participent aux différentes cérémonies religieuses.

Chose rare en ces temps anciens, les femmes ont les mêmes droits que les hommes bien que ceux-ci jouissent d'une position dominante. Mariée ou non, l'Égyptienne peut plaider ou témoigner au tribunal devant un juge. Il lui est possible de divorcer et, lors d'un héritage, elle reçoit la même part que les hommes de la famille. Après la mort, elle espère profiter d'une vie éternelle, comme les hommes.

Pas de femmes enfermées, ni de voile, pas de limites à ses promenades ni à ses travaux, la femme va et vient librement, à la ville comme aux champs. Elle travaille dur, les hommes aussi.

Même si l'on préfère des pharaons hommes car il est important qu'ils soient de bons guerriers, quatre princesses furent vraiment pharaones d'Égypte, dont les célèbres reines Hatshepsout et Cléopâtre. Bien sûr, au palais royal, la vie est différente. Le roi a plusieurs épouses et de nom-

breuses concubines qui habitent parfois dans son harem, vaste demeure qui leur est réservée, mais elles ne sont ni cachées, ni épiées, ni emprisonnées.

FÊTE D'OPET

Cette fête d'AMON à THÈBES a lieu au moment où se produit l'INONDATION, lorsque les champs sont recouverts par les eaux du NIL. Le roi y participe toujours.

Ce matin-là, les PRÊTRES préparent la statue du grand DIEU Amon, celle de sa femme la déesse Mout et celle de leur fils le dieu Khonsou. Après la TOILETTE DIVINE, chaque statue divine est installée dans sa barque d'or portative, comme pour une PROMENADE. Un étrange cortège se forme aussitôt.
Amon en tête, les trois divinités sortent du TEMPLE et gagnent l'embarcadère. Là, chacun monte avec ses prêtres sur son BATEAU, véritable temple flottant rutilant d'or, d'argent et de turquoises, orné d'OBÉLISQUES et de SPHINX. Le roi et la reine embarquent à leur tour sur leur bateau.
Sur les rives du NIL, la foule s'extasie tout en grignotant fruits, pains et gâteaux que leur proposent des marchands. C'est le moment du départ. Au milieu d'un tintamarre de chants, tambourins et flûtes, les vaisseaux sacrés voguent vers le second temple de Thèbes, qui est le « Harem du Sud » d'Amon, but de leur voyage. Dès leur arrivée, les divins voyageurs descendent de bateau, pénètrent dans le temple pour participer à de longues cérémonies et, quelques jours plus tard, avec le même cérémonial, rentrent chez eux. Alors Pharaon regagne son palais où des affaires importantes l'attendent. La fête a duré un mois !

FÊTES ET FESTINS

Les Égyptiens aiment les fêtes ! Il y a celles des semailles, des moissons ou de la crue, celles en l'honneur du roi ou des **DIEUX**, comme la célèbre **FÊTE D'OPET**, sans oublier les fêtes familiales et les festins pour distraire les grands du royaume.

Dans la vaste salle du palais, vêtus de leurs plus beaux VÊTEMENTS et BIJOUX, le chasse-mouches à la main, les invités s'installent près de petites tables basses ornées de ravissants bouquets. Cruches de VIN et de BIÈRE, viandes rôties, légumes odorants et gâteaux exquis, les servantes leur offrent ce qu'il y a de meilleur, attentives à leurs moindres désirs. Elles posent sur leur tête des cônes de pommade parfumée qui, en fondant, conservent la souplesse aux cheveux. Pendant que DANSEUSES et MUSICIENS divertissent les invités, ceux-ci mangent, boivent et fredonnent joyeusement :

« Célèbre un jour heureux,
L'esprit satisfait et le cœur plein de joie !
Habille-toi de lin fin.
Célèbre un jour heureux,
ne prends aucun repos… »

GÉOMÉTRIE

Astucieux mathématiciens et bons architectes, certains SCRIBES dessinent les plans des TOMBES, des TEMPLES et des PALAIS. D'autres retrouvent les limites des champs après l'inondation ou évaluent la contenance des greniers… Ils calculent tout avec précision : l'aire d'un rectangle (en multipliant sa

longueur par sa largeur), d'un triangle, d'un trapèze et même d'un cercle ! Ils calculent aussi le volume d'une **PYRAMIDE** et d'un cylindre. Longues, compliquées et difficiles à comprendre pour nous, leurs opérations sont presque toujours exactes, comme le prouve l'excellent état de leurs monuments bâtis il y a plusieurs milliers d'années.

GUERRE

À la guerre, l'**ARMÉE** de **PHARAON** est moins brutale que celles d'autres peuples qui détruisent et brûlent tout sur leur passage. Son but est de contrôler des territoires, de prendre du butin, des hommes, du bétail, de laisser quelques garnisons, de rentrer en Égypte et d'attendre le paiement régulier du tribut apporté par les **AMBASSADEURS**. Certains pharaons aiment se battre, d'autres envoient leurs généraux.
Cependant, les Égyptiens, qui n'ont pas de véritable dieu de la Guerre, ont une étrange manière de compter les morts après la bataille. Le **SCRIBE** et ses aides coupent soit une main, soit le pénis des soldats morts. Puis, devant un superbe tas sanguinolent, le scribe compte mains ou pénis, note, additionne et transmet le résultat au roi.

HATHOR

Vache ou femme à tête de vache coiffée de deux cornes enserrant

le soleil, Hathor est la DÉESSE du Ciel, de la Danse et de la Musique. Certains racontent qu'aux premiers jours du monde Hathor créa l'univers et fut une mère pour le jeune RÊ, le dieu Soleil. D'autres disent qu'elle est redoutable transformée en lionne pour tuer les hommes révoltés contre Rê. Tous savent qu'elle peut aussi être douce pour nourrir les jeunes pharaons ou accueillir un nouveau défunt le jour de son enterrement dans la montagne désertique et sauvage.

HÉLIOPOLIS

Les anciens Égyptiens appellent « On » cette ville située au nord de l'Égypte. Plus tard, les Grecs la nomment Héliopolis, la « cité du Soleil », en l'honneur d'Hélios, leur propre dieu Soleil.

Dans les TEMPLES d'Héliopolis, dont la splendeur est aussi célèbre que la science de ses prêtres, on adore surtout RÊ, le Soleil, le dieu créateur.
Aujourd'hui, Héliopolis est un quartier du Caire, capitale actuelle de l'Égypte. Hélas, il ne reste de cette ville qu'un OBÉLISQUE au milieu d'immeubles modernes. Tous ses beaux monuments ont été détruits, ses STATUES et ses pierres réutilisées dès les temps anciens.

HIÉROGLYPHES

(VOIR LES HIÉROGLYPHES PP.52-53)

Selon la légende, les hiéroglyphes furent inventés par le dieu THOT. Voilà pourquoi les anciens Égyptiens les appellent les « Paroles Divines ». Notre mot « hiéroglyphe » vient de deux mots grecs signifiant « écriture sacrée ».

Comme les tout premiers hiéroglyphes ont été écrits vers 3200 av. J.-C. et les derniers en 394 apr. J.-C., cette écriture détient un record de longévité ! Puis les Égyptiens l'oublient et, pendant des siècles, plus personne ne la lit ni ne l'écrit. Il faut attendre le début du XIXe siècle, pour que le savant CHAMPOLLION perce son mystère.

LES HIÉROGLYPHES : UNE BELLE ÉCRITURE

Ces ravissants dessins (on en compte sept cents différents à l'époque classique, vers 2000 av. J.-C., et plus encore par la suite) sont utilisés de trois façons différentes :

DANS UNE TOMBE D'ASSOUAN

1. Tout d'abord, certains hiéroglyphes représentent vraiment l'objet dessiné : le dessin d'un œil veut dire « œil », celui d'une oie veut dire « oie », celui d'une voile gonflée veut dire « vent ».

L'œil

L'oie

La voile

2. Mais, pour écrire ce qui n'est pas visible (méchanceté, bonheur...), on utilise des dessins non pas pour ce qu'ils représentent, mais pour la manière dont on les prononce, pour leur son, comme dans nos rébus. Ainsi, le dessin d'une bouche qui se lit « er » devient la consonne « r », le siège, « pé », devient « p ».

Le siège

La bouche

LE CARTOUCHE DE RAMSÈS II

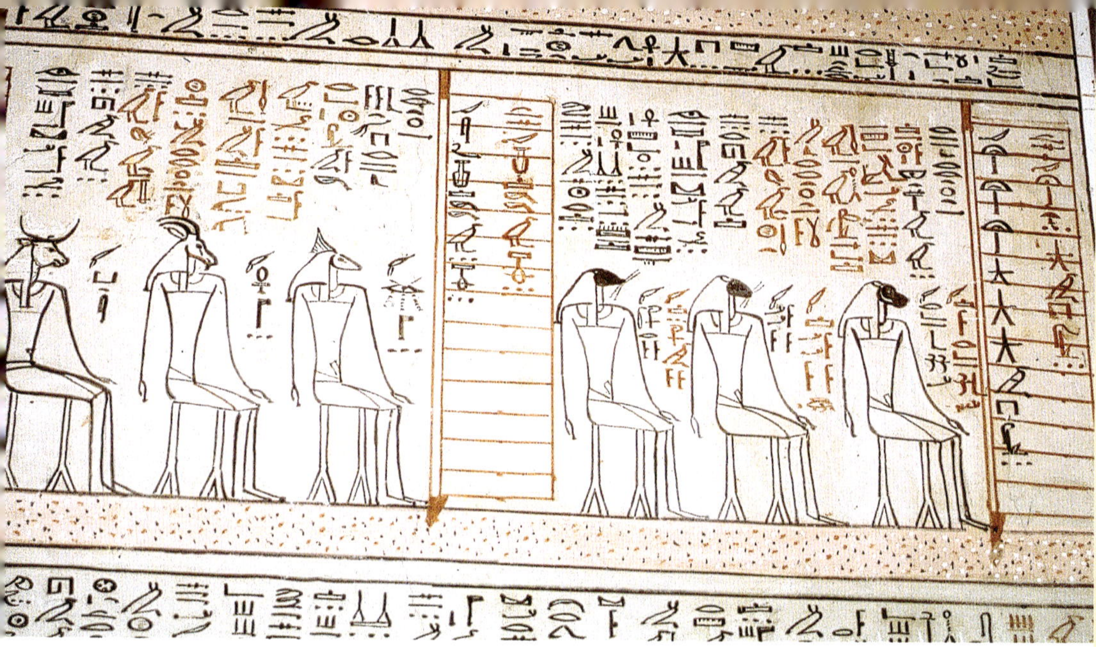

SUR LE MUR DE LA TOMBE D'AMÉNOPHIS II

3. Enfin, une troisième sorte de hiéroglyphes s'ajoute à la fin des mots pour en indiquer la catégorie, donner un renseignement complémentaire. Par exemple, on dessine, à la suite de tous les mots désignant un homme, le dessin d'un « homme assis » ou, à la suite de ceux qui désignent une idée, un « rouleau de papyrus ».

L'homme assis

Le rouleau de papyrus

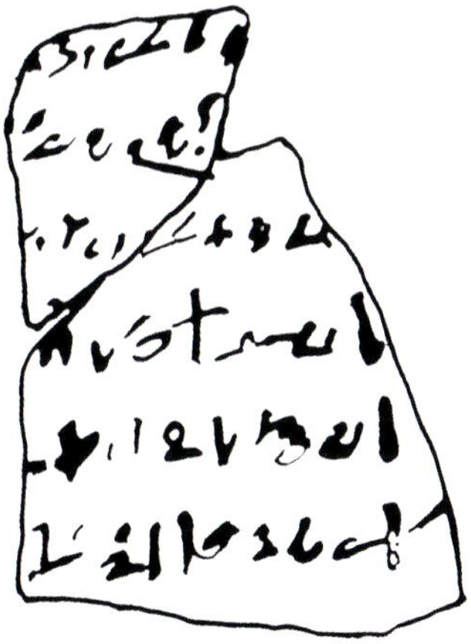

DOCUMENT ÉCRIT EN HIÉRATIQUE

Écrire en hiéroglyphes est d'autant plus difficile qu'ils nous réservent bien d'autres complications. Les voyelles ne sont pas indiquées, les mots se collent les uns aux autres, les signes de ponctuation n'existent pas, et on peut écrire de gauche à droite, de droite à gauche ou de haut en bas !

Heureusement, pour se faciliter la vie, depuis toujours les **SCRIBES** savent écrire rapidement ces beaux hiéroglyphes en les simplifiant : c'est l'écriture hiératique.

HORUS

Les Horus, les dieux du Ciel, sont parmi les dieux égyptiens les plus importants. Plusieurs DIEUX faucons portent ce nom qui signifie l'« Éloigné ».

Horus d'Edfou, la belle ville du sud, conquiert l'univers pour RÊ ! Horus l'Ancien, frère d'OSIRIS, est connu pour sa bravoure.
Le plus célèbre, Horus l'Enfant, fils d'ISIS et d'Osiris, passe sa jeunesse caché dans les MARAIS pour échapper à son oncle SETH, l'assassin de son père qui le recherche. Devenu grand, après des combats d'une violence inouïe, Horus gagne son procès contre Seth, ce qui lui permet d'hériter du royaume de son père et de régner sur Terre. Dernier dieu-roi, il laisse le pouvoir à un homme, le premier PHARAON, qui porte le titre glorieux de « Fils d'Horus ».

HYPOGÉE

Entièrement peintes, ces TOMBES deviennent très à la mode à partir des années 2000 av. J.-C. Ce sont de véritables grottes creusées dans le rocher par les hommes !

Taillé directement dans la montagne désertique, l'hypogée se compose de deux parties. Tout d'abord un couloir se subdivisant en une série de salles. Ce secteur reste ouvert aux vivants : c'est la CHAPELLE FUNÉRAIRE. Puis, tout au bout du couloir, un puits vertical descend droit au caveau. Cette partie est fermée pour l'éternité le soir de l'ENTERREMENT, fermée jusqu'à l'arrivée de voleurs ou d'archéologues !

INONDATION

L'été, pendant les quatre mois de la SAISON d'Akhit (de juillet à octobre), le NIL sort de son lit et inonde toute sa vallée.

Pour les Égyptiens, les dieux KHNOUM et Hâpy jouent un rôle

capital dans cette crue gigantesque qui commence lorsque l'étoile Sothis (notre Sirius) réapparaît dans le ciel après une absence de deux mois, aux alentours du 19 juillet de notre calendrier. Aussitôt, le fleuve gonfle, s'étale, dépose des terres fertiles (le limon) au fond de son lit et atteint son maximum en septembre. En automne, la crue diminue rapidement.
Toute l'année, des **PRÊTRES** spécialisés surveillent leurs **NILOMÈTRES**, espérant une « bonne crue » de 16 coudées, c'est-à-dire plus de 8 m.

ISIS

MAGICIENNE redoutable, bonne épouse et mère parfaite, Isis est la plus célèbre des **DÉESSES** égyptiennes.

Femme d'une grande beauté, elle porte avec élégance une coiffe étrange en forme de siège. Inconsolable après l'assassinat de son frère et époux **OSIRIS**, elle part à la recherche de son cadavre qu'elle trouve après de longues recherches. Elle aide à sa momi-

fication puis, transformée en oiseau, lui rend le « Souffle de Vie » en quelques battements d'ailes. Après le départ d'Osiris dans l'**AU-DELÀ**, elle donne naissance à leur fils **HORUS** qu'elle élève avec tendresse. Isis est la meilleure protectrice des enfants.

JARDIN

Pas de **TEMPLE**, de **PALAIS**,
ni de belle **MAISON** sans jardin !
Tous les Égyptiens veulent
en avoir un pour manger
ses légumes et ses fruits, profiter
du parfum de ses fleurs,
de l'ombre de ses arbres
et de la fraîcheur de son bassin.

Le jardin est sillonné d'allées bien droites, plantées d'arbres, bordées de vignes et de fleurs.

Un KIOSQUE permet souvent au maître d'y déguster ses raisins, ses dattes et ses figues à peine cueillis. Sur le grand bassin, une barque attend celui-ci pour une promenade. Un peu plus loin, dans le potager, divisé en petits carrés par des rigoles pour mieux arroser les plants, poussent toutes sortes de légumes. Près de là, des abris légers protègent les jarres de VIN et de BIÈRE du soleil brûlant.

JARRES ET POTS

KHNOUM, le DIEU bélier, est le patron des potiers, ces hommes qui modèlent les jarres et les pots indispensables pour ranger, transporter, conserver ce qui doit l'être.

Avec de la terre parfois additionnée de paille hachée, le potier modèle sur son tour ses poteries. Après les avoir séchées au soleil, polies ou décorées, il les cuit dans son four. Jour après jour, il fabrique des bols, des plats, des coupes, des pots avec ou sans anses, des jarres à huile, à VIN

ou à BIÈRE, de minuscules vases à onguent (ces crèmes de soin si précieuses) ou à fard. Il fabrique même des OUSHEBTI !
Une fois remplies, ces poteries sont fermées avec une pierre plate recouverte d'un enduit de terre, scellées, étiquetées. Ainsi, bien protégés de la poussière et des ANIMAUX trop gourmands, les grains et les liquides se gardent longtemps et peuvent voyager.
Même brisées, ces poteries sont encore utiles aux SCRIBES, qui en font des OSTRACA, et aux PEINTRES, qui les transforment en coupelles pour préparer leurs couleurs.

JEUX

Poupées en LIN et en bois, hochets, toupies, pantins ou cro-

codiles à gueule articulée : tous les enfants aiment jouer ! Ils adorent jongler avec des balles multicolores, cueillir des fleurs, s'amuser avec les chiens, les chats, et même le singe de la **MAISON** ou les oies et les canards du **JARDIN**. D'autres pêchent au bâton, tirent sur une cible, courent, sautent, luttent équipe contre équipe.
Les adultes partagent certains de leurs jeux ou, à l'ombre des arbres, s'affrontent au jeu du Chien et du Chacal ou à celui du Serpent (l'ancêtre de notre jeu de l'Oie) dont, hélas, nous ignorons les règles...

JOURS FASTES ET NÉFASTES

À côté d'un **CALENDRIER** très précis, les **PRÊTRES**-savants en rédigent un second fort étrange ! Ils y indiquent les bons et les mauvais jours de l'année. Leur choix est fondé sur des raisons religieuses, car ils connaissent les aventures des **DIEUX** et des déesses d'Égypte.
Si tel jour est l'anniversaire d'un événement divin tragique, alors il est dangereux. Si c'est l'anniversaire d'un événement divin heureux, il est agréable. Par exemple, le 27 du mois d'Athyr est favorable car ce jour-là les dieux **HORUS** et **SETH** firent la paix. « Quoi que tu voies en ce jour, c'est heureux », est-il précisé. En revanche, le 14 du mois de Tybi est redoutable car, ce jour-là, la déesse **ISIS** pleura **OSIRIS** mort.
Un jour, il est conseillé d'éviter la musique et le chant, un autre de ne pas se laver, de « ne pas sortir de sa maison » ou, pire encore, de « ne rien faire du tout ».
Les hommes prudents suivent-ils les conseils donnés dans cet étonnant calendrier ? Mystère !

JUGEMENT DES MORTS

Dès son arrivée dans l'AU-DELÀ, le mort subit une terrible épreuve : il est jugé !

Dans la salle du tribunal, quarante deux divinités entourent OSIRIS, le dieu des Morts, qui, assis sur son trône d'or, préside la séance. Ses sœurs ISIS et Nephthys se tiennent derrière lui. Au milieu de la salle se dresse une immense balance. Introduit devant ses juges par le dieu ANUBIS, le mort salue les divinités puis déclare qu'il est innocent de tous les péchés :

« Je n'ai pas maltraité mes gens, dit-il. Je n'ai pas brutalisé le pauvre. Je n'ai pas fraudé. Je n'ai pas ôté le lait de la bouche des enfants. Je n'ai pas fait pleurer... »

Sur l'un des plateaux de la balance, on pose son cœur et, sur l'autre, MAÂT, déesse de la Justice et de la Vérité.

Un coffret à OUSHEBTI.

« Ô mon cœur, continue-t-il, ne te dresse pas contre moi comme témoin ! Ne t'oppose pas à moi devant mes juges… »

Enfin, les deux plateaux de la balance s'équilibrent. Déclaré « juste », le mort entre dans le paradis de l'Au-delà. Si la pesée lui est défavorable, la terrible Dévoreuse, animal épouvantable à gueule de crocodile, poitrail de lion et arrière-train d'hippopotame, qui attend le verdict au pied de la balance, l'engloutit, à moins qu'il n'ait droit à des supplices plus terribles encore !

JUGEMENTS ET PUNITIONS

Meurtres, vols, rébellions, détournements d'impôts, trahisons… Un suspect est arrêté par la police. Son interrogatoire s'accompagne toujours de coups de bâton sur le dos, les mains ou les pieds. Attaché à un poteau ou recroquevillé sur le sol, « battu comme PAPYRUS » pour le faire parler, il meurt parfois avant d'arriver devant le tribunal.

Au nom du roi et selon MAÂT, déesse de la Justice et de la Vérité, ses juges l'écoutent ainsi que quelques témoins. Ils le libèrent ou le punissent. Les peines sont dure : condamnation à mort, langue, main, nez ou oreilles coupés, bastonnade, exil aux confins du DÉSERT, enfermement dans une forteresse-prison avec travaux forcés sur les chantiers royaux, dans les MINES ou les CARRIÈRES.

KHNOUM

À Éléphantine, la belle VILLE du sud, certains affirment que c'est Khnoum, le DIEU à tête de bélier, qui créa le monde sur son tour de potier, qui modela l'œuf d'où sortirent tous les humains, les animaux petits et grands, les plantes et les rochers.
Ils ajoutent que, gardien des sources du NIL, Khnoum ouvre largement les portes de sa grotte pour laisser jaillir au bon moment le Nil en crue.
Voilà pourquoi dans cette région, par respect pour le dieu bélier, personne ne porte d'objets en cuir ou en laine, rien de fabriqué avec le corps d'un bélier !

KIOSQUE

Ce petit abri, ouvert de tous côtés, est destiné à recevoir des gens en plein air. Les riches Égyptiens en ont parfois dans leur JARDIN pour se reposer, mais celui du roi est le plus luxueux.

Pour la cérémonie de remise des RÉCOMPENSES ROYALES ou le défilé des AMBASSADEURS, on installe à l'endroit choisi le kiosque royal, fait de matériaux légers mais luxueux. Quatre colonnes sculptées se dressent sur un socle décoré de bas-reliefs représentant les peuples voisins agenouillés devant le roi ou piétinés par lui. Au-dessus repose un toit bombé. On place le trône sous ce bel abri, un petit escalier, des SPHINX pour en protéger l'accès, et PHARAON arrive, entouré de ses serviteurs. Il s'assied. La cérémonie peut commencer.

LABOURS ET MOISSONS

« La terre est sortie de l'eau ; elle est bonne à labourer », constate le SCRIBE du Domaine qui arrive pour vérifier les limites des champs, les mesurer et évaluer l'importance de la récolte future.

Dès la fin de l'INONDATION, le PAYSAN laboure la terre encore humide avec sa houe ou son araire tiré par deux vaches. Son fils conduit les bêtes le bâton à la main. Puis il sème.
Assis devant un énorme tas de grains, le Scribe du Blé surveille les paysans qui y remplissent leur petit sac de graines, partent les

semer et reviennent en chercher. Les semailles achevées, un troupeau de moutons ou de porcs piétine les champs pour enfouir les grains dans le sol.

Le blé, l'orge, le froment et le **LIN** poussent vite sous le chaud soleil d'Égypte, à condition d'arroser sans cesse. Il faut ouvrir une écluse par ici pour laisser couler l'eau dans de minuscules rigoles, remplir un canal par là, courir au fleuve remplir ses jarres ou manier le **CHADOUF**...

Quand il est temps de moissonner, les paysans avancent en ligne, leur faucille à la main. Ils coupent les blés, ficellent les gerbes. Un joueur de flûte donne la cadence. Derrière eux, les femmes et les enfants ramassent les épis oubliés.

Transportés au village, les épis sont foulés par des **ÂNES** et remués sans cesse par les hommes armés de fourches. La paille recueillie, les paysannes séparent les grains de la balle, la fine enveloppe qui les entoure, en les lançant en l'air : les grains tombent et le vent emporte la balle.

Alors le Scribe des Greniers et le Mesureur du Grain arrivent. Ils évaluent la récolte et surveillent le transport des grains jusqu'aux greniers du Domaine. Le paysan qui cache une partie de ses grains ou qui ne peut donner ce que lui demande le scribe sera battu, puis jugé.

Les labours.

Les moissons.

LAC SACRÉ

En souvenir des eaux du **NOUN** qui existaient avant le premier jour du monde, chaque **TEMPLE** possède un lac bien à l'abri de son enceinte. Dans ses parois maçonnées, des escaliers permettent aux **PRÊTRES** de descendre jusqu'à l'eau pour s'y purifier plusieurs fois par jour. Parfois, la nuit, des cérémonies religieuses un peu mystérieuses s'y déroulent.

LAMPES ET TORCHES

Les **PRÊTRES** dans les **TEMPLES**, les **OUVRIERS** dans les **TOMBES** et les mines du **DÉSERT**, le roi et ses amis dans les palais : certains Égyptiens ont besoin de lumière artificielle pour continuer leurs travaux ou s'amuser.

Pour vaincre l'obscurité, les Égyptiens remplissent des bols, en pierre ou en terre cuite, d'huile et y trempent une mèche de **LIN** qu'ils enflamment. Puis ils posent

cette lampe à huile sur un support pour mieux profiter de sa lumière. Pour faire une torche, ils enduisent simplement de graisse animale un solide bâton.
Mais comment font-ils pour ne laisser aucune trace de fumée sur les murs ? Mystère. Comment allument-ils les mèches et les torches ? Mystère. Peut-être gardent-ils soigneusement des braises en prenant soin qu'elles ne s'éteignent jamais.

LIN

Cette plante à fleurs bleues est cultivée pour les fibres de sa tige.

Lorsque le lin fleurit dans les champs, les **PAYSANS** l'arrachent à mains nues sans abîmer les tiges. Surveillés par les **SCRIBES** du Domaine, ils transportent les gerbes jusqu'au VILLAGE pour les égrener. Une partie des graines sera semée pour former la prochaine récolte, une autre servira aux MÉDECINS pour leurs potions. Après avoir préparé les tiges, travail très pénible, et obtenu des fibres longues et souples, les femmes filent ces fibres entassées dans un pot posé à terre. Elles enroulent le fil obtenu autour d'un long fuseau. Puis elles préparent les étoffes sur leurs métiers à tisser, de belles toiles de lin qui deviendront vêtements, draps ou bandelettes d'excellente qualité.

LOTUS

Au premier jour du monde, raconte la légende, un lotus jaillit des eaux du NOUN. Lorsqu'il s'ouvrit, RÊ, le dieu créateur, le Soleil, resplendit au cœur de la fleur qui le protégeait. Voilà pourquoi les Égyptiens aiment tant les lotus.

Blanches ou bleues, ces plantes délicates poussent facilement sur les bords du fleuve, dans les MA-

RAIS et les bassins des JARDINS. Pas de bouquet réussi sans lotus ! Pas de TEMPLE ni de PALAIS sans colonne en forme de lotus !
Le lotus blanc a des feuilles dentelées et des boutons arrondis. Avec ses feuilles droites, ses boutons pointus et son parfum délicat, le lotus bleu est le plus apprécié, le plus sacré.

MAÂT

« Parler selon Maât » signifie, chez les anciens Égyptiens, dire la vérité.

DÉESSE de la Vérité et de la Justice, Maât est une jeune femme ravissante, reconnaissable à la longue PLUME D'AUTRUCHE glissée dans ses cheveux. Le jour du JUGEMENT DES MORTS, c'est

elle qui s'assied sur l'un des plateaux de la balance lors de la pesée du cœur du défunt.
Maât représente aussi la morale, l'ordre qui ne doit pas changer afin que le monde continue d'être comme il est. Chacun à sa place, en silence, et tout ira bien.

« Contrôle ta main, réfrène ton cœur, scelle ta bouche », conseille un scribe fidèle à la déesse !

MAGICIEN

DIEUX, PHARAONS ou simples PAYSANS, tout le monde utilise la magie. C'est normal, elle fait partie de la vie.

Pour éloigner les dangers, rien ne vaut de bonnes formules magiques à écrire ou, mieux encore, à dire, sans oublier certaines choses importantes à faire comme briser des vases ou piétiner des représentations d'ennemis.
Tout SCRIBE est magicien, tout magicien est scribe, car il connaît le pouvoir des mots. Il sait appeler à l'aide les DIEUX et les DÉESSES. Il sait que dessiner, dire ou écrire un mot, c'est créer la chose pour de vrai. Il peut donc agir sur cette chose, l'atteindre, la détruire ! Lorsqu'il efface le nom d'un défunt, c'est une seconde mort. Lorsqu'il dessine le hiéroglyphe « lion » en coupant l'animal en son milieu, il le rend inoffensif. Lorsqu'il rédige une AMULETTE et la suspend au cou d'un ami, il le protège. Lorsqu'il récite un charme contre les crocodiles sur un œuf d'argile qu'il offre à un pilote de bateau, si celui-ci tient cet œuf en main, les

crocodiles s'éloigneront. Lorsqu'il prononce une formule magique auprès d'un voisin fiévreux, il combat la MALADIE.

« Dresse ton mât, largue ta voile, pars et emmène avec toi la fièvre, le rhume et toute chose mauvaise qui sont en Amynakhté... », dit-il.

En Égypte, les formules magiques sont aussi nombreuses que les ennuis de la vie ! Les scribes-magiciens ont tout prévu.

MAISON DE VIE

Des SCRIBES-PRÊTRES spécialisés travaillent dans les TEMPLES, dans des bâtiments particuliers appelés Maisons de Vie. Ils y rédigent ou recopient des textes religieux de toutes sortes. Ils y conservent les archives du temple et forment une vraie bibliothèque. Ils apprennent à lire et à écrire à de jeunes élèves. Grâce à leur parfaite connaissance des histoires divines, ils surveillent les artistes qui décorent le temple et forment leurs apprentis. Ils préparent les MOMIES ou soignent les malades. Les Maisons de Vie abritent les plus grands savants du pays.

MAISONS ET PALAIS

(VOIR UNE LUXUEUSE DEMEURE PP.66-67)

Qu'elles soient pour le roi ou pour le PAYSAN, toutes les maisons sont construites avec des poutres de bois, des linteaux de pierre et des briques séchées au soleil. Mais le roi a un palais gigantesque et merveilleusement décoré tandis que le paysan se contente d'une maisonnette. Les murs en belles pierres sont pour les TEMPLES et les TOMBES.

Entouré par une haute muraille, l'immense palais royal compte de nombreuses pièces, des cours et des JARDINS.
Il y a la salle du trône, quelques pièces d'apparat et le Balcon des Apparitions d'où PHARAON se montre parfois en famille pour décerner ses RÉCOMPENSES. Un peu plus loin se trouvent les appartements privés du roi, ceux de la REINE, les chambres des

UNE LUXUEUSE DEMEURE

DU BON VIN

Sous un auvent, le vin du maître vieillit dans des jarres pointues, droites sur leur trépied et recouvertes de pampres pour les protéger de la chaleur.

LE BASSIN

Caché par les arbres du jardin, repère des grenouilles et des canards, le bassin couvert de nénuphars offre au maître son agréable fraîcheur.

UN TOIT-TERRASSE

C'est l'endroit idéal pour profiter de la chaleur du jour en hiver et de la fraîcheur des nuits en été.

DE PETITES OUVERTURES

Les fenêtres sont toujours minuscules pour protéger l'intérieur de la maison des fortes chaleurs.

LES SILOS

Sous l'œil vigilant du scribe, les serviteurs déversent leurs sacs de grains dans les silos du maître après la moisson.

princesses… Richesse du MOBILIER, luxe des décorations : tout est magnifique !
Dans leur villa, les riches Égyptiens tentent d’imiter Pharaon : une belle entrée, des pièces de réception et, plus loin, des appartements privés. Parfois à étage, leur maison s’entoure d’un mur, d’un jardin bien entretenu et de plusieurs cours. Dans l’une d’elles, on trouve les puits, les silos, les étables et les écuries, dans une autre, la cuisine et les habitations des serviteurs.
Quant aux Égyptiens pauvres, ils s’entassent dans de minuscules maisons. Heureusement, ils profitent de la fraîcheur du soir sur leur toit-terrasse où ils bavardent, dînent et dorment à la belle étoile.

MALADIES

Les Égyptiens craignent particulièrement les maladies des yeux, qui rendent souvent aveugles, les morsures mortelles de SERPENT et les douloureuses piqûres de SCORPION. Ils savent que ce sont les DIEUX, les ÉMISSAIRES DANGEREUX et les morts mécontents revenus sur Terre qui sèment la maladie et la mort. Tous les moyens sont bons pour se protéger et de nombreux SCRIBES-MÉDECINS-MAGICIENS sont là pour les soigner.

MANÉTHON

Dans les années 300 av J.-C., un PRÊTRE égyptien fort savant, Manéthon, étudie et écrit une Histoire d’Égypte qui, hélas, a aujourd’hui disparu ! Par chance, quelques auteurs des temps anciens eurent le temps de la lire, de l’utiliser et de la recopier en partie. Grâce à eux, on connaît un peu le travail de Manéthon : une longue liste de noms royaux classés par DYNASTIES.

MAQUILLAGE

Amateurs de beaux VÊTEMENTS et de BIJOUX raffinés, les riches Égyptiens et Égyptiennes prennent le temps de se laver, de se maquiller et de se parfumer.

Après la toilette, ils s’enduisent le corps de crèmes délicates et

d'huiles parfumées. Ils se maquillent soigneusement les yeux car leurs fards les protègent contre des MALADIES oculaires liées aux insectes, au vent, à la poussière ou au soleil. Après avoir été broyés sur des palettes en pierre par quelques servantes, ces fards sont appliqués à l'aide d'un bâtonnet. Avec le fard vert, fait de malachite, hommes et femmes ombrent leurs paupières, avec le noir, fait de galène, ils soulignent le tour de leurs yeux et noircissent leurs sourcils.

MARAIS

Au nord de l'Égypte, là où le NIL se divise en nombreux petits bras avant de se jeter dans la mer, ses eaux s'écoulent lentement, paressent, s'étalent en de vastes marécages.

Les marais du Nil foisonnent de vie. Parmi les LOTUS, les roseaux et les PAPYRUS vivent des centaines d'OISEAUX, de chats sauvages, de cobras, de caméléons, de grenouilles, de poissons, de tortues, de crocodiles et d'hippopotames. C'est un pays de rêve pour les PÊCHEURS et les chasseurs, qui se méfient des animaux dangereux et savent les combattre.

MASTABA

(VOIR LES TOMBEAUX PP. 100-101)

Cette tombe mi-creusée mi-construite porte un nom arabe signifiant « banquette ». Ce terme désigne aussi le banc de brique placé devant les maisons.

Un mastaba ressemble à une maisonnette sans fenêtre mais

avec une porte. Il se compose de deux parties distinctes, toutes deux décorées : le caveau creusé dans le sol et, juste au-dessus, la **CHAPELLE FUNÉRAIRE** bâtie en pierre et en brique. Le caveau est l'habitation du mort. La chapelle est ouverte aux vivants comme au mort, qui peut sortir grâce à sa stèle **FAUSSE-PORTE**, aussi bien pour profiter de ses **OFFRANDES** que pour se promener sur Terre.

MÉDECINS ET REMÈDES

Jour après jour, le **SCRIBE-MÉDECIN-MAGICIEN** combat la maladie et la mort. Du corps humain, il connaît le squelette, le cœur, l'estomac, la rate et les vaisseaux qui « partent du cœur, conduisent dans tous les membres » et transportent le sang, les larmes et l'urine.

Pour commencer, le médecin examine le malade et donne son diagnostic :

« Si tu trouves une personne qui a le cœur brûlant et le corps ballonné, alors c'est un abcès. Elle a mangé des choses échauffantes. »

Il choisit alors le bon traitement :

« Prépare un médicament afin d'enlever par le lavage les choses échauffantes et de vider les intestins [...] Fais macérer durant la nuit de la farine sèche dans de la **BIÈRE** *douce. Mange et bois le tout en quatre jours. »*

Sirops, cataplasmes, onguents et potions, tout est bon. Le médecin utilise des produits classiques et efficaces tels que MIEL, crème, lait, bière et huile. Suivant le cas, il y ajoute des PLANTES et, parfois, d'étranges ingrédients d'origine animale comme des excréments, tout spécialement les chiures de mouches ! Mais cela ne suffit pas. Car, en même temps, le médecin doit traiter la cause de la maladie. Il sait que seule la magie peut aider le malade, que « les incantations sont puissantes sur les remèdes ».

« Écoule-toi, rhume, fils du rhume, dit le médecin. Toi qui brises les os,

détruis le crâne, rends malades
les sept trous de la tête [...]
Vois, j'apporte auprès de toi
le lait d'une femme
qui a enfanté un garçon
et des grains de parfum.
Cela te chasse, cela te guérit [...]
Écoule-toi sur le sol, puanteur !
Puanteur ! »

Ce breuvage associé à la puissance de sa magie, la guérison ne tardera pas !

MEMPHIS

Cette ville, la première capitale d'Égypte, se situe exactement à la frontière de la Basse Égypte, célèbre pour ses marais, au nord, et de la Haute Égypte, avec son étroite vallée du NIL, au sud.

Selon la légende, vers l'an 3200 av. J.-C., Ménès, le premier PHARAON, bâtit en cet endroit le « Mur Blanc », sa capitale. Il y élève un TEMPLE en l'honneur de PTAH, le dieu créateur. Désormais, les pharaons résident en cette belle cité dont le nom, Mennefer, qui signifie « la beauté qui est durable », devient, prononcé par les Grecs, Memphis. Aujourd'hui, il ne reste de cette ville que des amas de briques, des pierres brisées et un COLOSSE couché.

MIEL

Les Égyptiens adorent le miel. Les gourmands apprécient son bon goût sucré et les malades comme leurs MÉDECINS, ses propriétés adoucissantes.

Depuis toujours, les spécialistes savent que, dans le DÉSERT, les abeilles aiment butiner dans les bosquets de térébinthe, arbre dont l'écorce fournit un liquide utilisé

par les PRÊTRES et les artisans. Alors, sans hésiter, ils partent avec leurs ÂNES à la recherche des térébinthes. Ils découvrent les essaims, les enfument pour faire fuir les abeilles puis, avec un maximum de précautions, récoltent le miel. De retour dans la vallée, ils répartissent leur miel dans de tout petits pots qu'ils ferment soigneusement car c'est un produit de luxe !

Pour éviter ces trajets dangereux et fatigants, ils construisent souvent, près de chez eux, des ruches faites de poteries ou de gros roseaux posés à plat sur le sol et fixés par de la boue.

MOBILIER

Lits, tables basses, sièges, coffres, nattes tressées, corbeilles, jarres et pots : voilà tout le mobilier des Égyptiens.

Les uns en possèdent beaucoup et s'offrent des matériaux aussi rares que précieux ; les autres en ont très peu et se contentent de nattes, de poteries grossières et de paniers. Posséder un coffre de mauvais bois prouve déjà un certain bien-être !

De très beaux meubles ornent les chambres des riches Égyptiens. Avec des pieds en forme de pattes de lion ou de BÈS, leurs lits sont faits de bandes de toile entrecroisées tendues sur un cadre de bois. Mais seule la famille royale possède des lits plaqués d'OR ! Les VÊTEMENTS sont rangés dans des coffres en bois peint et les ustensiles de toilette (miroir, peigne, produits de beauté) dans de ravissants coffrets. Une ou deux chaises, des LAMPES, des nattes et des rideaux de couleur complètent agréablement les chambres.

Dans la salle de réception, des fauteuils et des chaises richement ornés ou de simples tabourets entourent les tables basses. Quelques coussins de cuir améliorent le confort. Contre les murs, des étagères débordent de plats et de corbeilles emplis de mets succulents, et les **JARRES** de **VIN** et de **BIÈRE** attendent sur leurs supports.

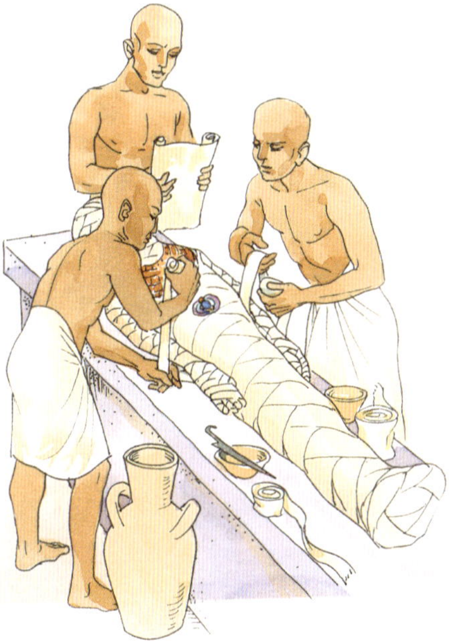

MOMIE

Grâce à une fabuleuse technique de momification, le mort conserve son corps en bon état pour vivre éternellement dans l'**AU-DELÀ**.

Tout en récitant les textes religieux qui conviennent, les prêtres ôtent le cerveau du défunt par les narines au moyen d'un crochet. Ils ouvrent son ventre et enlèvent les viscères qu'ils placent dans des **VASES CANOPES**. Puis ils nettoient l'intérieur du cadavre avec du vin de palmier et des substances aromatiques, le recousent et abandonnent le corps dans un bain de natron (une sorte de sel ramassé au nord-ouest de l'Égypte) pendant soixante-dix jours. Après ce temps, ils le lavent, l'enveloppent de bandelettes de lin enduites de gomme tout en glissant aux bons endroits **AMULETTES** et **BIJOUX**. La momie est enfin prête ! Le mort peut être enterré. Bien entendu, rares sont les Égyptiens qui peuvent s'offrir une si belle momie.

MUSICIENS ET CHANTEUSES

Dans les **TEMPLES** pour les **DIEUX**, dans les palais pour les rois, au village pour les **PAYSANS**, lors des **ENTERREMENTS**, dans les champs ou sur les chantiers pour rythmer le travail : la musique fait partie de la vie.

Harpe, lyre, flûte, tambourin et sistre sont de toutes les FÊTES. Les musiciens y ajoutent des claquements de doigts et des frappements de mains. Employée parfois dans les temples, la trompette l'est surtout dans l'ARMÉE. Au palais, les meilleurs harpistes du royaume charment Pharaon tandis que de belles danseuses évoluent avec grâce :

« Fais un jour heureux, conseille l'un d'eux en pinçant les cordes de sa harpe. Offre à ton nez le parfum le meilleur. Mets des guirlandes de lotus aux bras et au cou de ta femme. Que celle que tu chéris soit assise à tes côtés, qu'il y ait chant et musique devant ton visage. Rejette loin de toi le souci. Songe à te réjouir… »

NIL

Long de 6 700 km, le Nil naît sous l'équateur, près du lac Victoria. Il reçoit quelques affluents, traverse la moitié nord de l'Afrique et se jette dans la mer Méditerranée. Après avoir franchi les gigantesques rochers de sa dernière cataracte, le Nil coule calmement : il est en Égypte !

Seul fleuve du pays, véritable colonne vertébrale du royaume, le Nil est la source de toute vie puisqu'il apporte de l'eau là où il ne pleut presque jamais. Sans lui, l'Égypte n'existerait pas : elle ne serait qu'un DÉSERT. Le Nil enrichit les champs de terre fertile, le limon, lors de son INONDATION. Navigable toute l'année, il est parfois dangereux : bancs de sable, rochers, obscurité des nuits, mauvais coups de vent, crocodiles affamés et hippopotames maladroits sont redoutés par les meilleurs matelots !
Les anciens Égyptiens respectent le dieu Hâpy, l'Esprit du Nil, qui est nu comme les pêcheurs, avec un gros ventre, une lourde poitrine, une peau verte comme les flots et de longs cheveux.

NILOMÈTRE

Installé dans un large puits ou le long d'un quai, le nilomètre se compose tout simplement d'un grand escalier plongeant dans le fleuve avec, sur ses parois, des graduations permettant de connaître la hauteur de ce dernier, jour après jour. On surveille attentivement le niveau de ses eaux, la progression de la crue ou de la décrue. Voilà pourquoi chaque TEMPLE possède son nilomètre et un PRÊTRE spécialement chargé de ce travail.

DÉCOUVRIR L'ÉGYPTE AU MUSÉE DU LOUVRE AU XIXᵉ SIÈCLE

Des visiteurs s'émerveillent devant le sphinx à tête de pharaon. Peinture de Guillaume Larrue (1851-1935).

NOM ET SURNOM

Les Égyptiens savent que
leur nom est important, qu'il a,
comme tous les mots,
un pouvoir. En le prononçant
on le fait vivre, en l'effaçant
on le tue. Ce qui arrive au nom
arrive à la personne qui le porte.
Rien de pire que de le laisser
disparaître. L'effacer sur
un monument est
une terrible vengeance.

Le nom que l'on reçoit le jour de sa naissance est choisi avec soin par les parents. Ils remercient une divinité en appelant leur nouveau-né, par exemple, « Fille d'Hathor », espérant que la déesse le protégera. Ou bien ils placent leur bébé sous la protection de PHARAON en le nommant « Khéphren Vit » si le roi régnant s'appelle Khéphren. À moins qu'ils ne formulent un souhait en l'appelant « Sois le Bienvenu » ou « La Belle est Arrivée ».
Certains de ces noms forment une courte phrase, comme « Fort est l'Esprit de RÊ ». D'autres, très simples, ne sont peut-être que des diminutifs, des surnoms affectueux ou moqueurs, comme Chédou, « l'outre », ou Tamit, « la chatte ».

NOUN

Que le grand DIEU créateur de l'univers s'appelle RÊ, PTAH, KHNOUM ou HATHOR, peu importe puisqu'ils sont tous sortis du Noun, cet immense océan aux eaux sombres, vides et glacées. Bien des légendes commencent ainsi : « Au jour de la première fois, seul existait le Noun, alors… »
Et depuis, chacun sait que la Terre, vaste et plate, est toujours cernée par les eaux froides du Noun, le Grand Océan Circulaire, d'où viennent le Nil et les pluies. Mais attention, si le désordre gagne le monde, si les dieux sont mécontents des hommes, alors le Noun recouvrira tout de nouveau. Ce sera la fin du monde, le chaos.

NUBIE

Cette région au sud de l'Égypte
se situe de l'autre côté
de la cataracte d'Éléphantine.

De tout temps, les PHARAONS envoient des EXPÉDITIONS en Nubie, y mènent des guerres de conquête car ils en apprécient les

richesses : son **OR**, ses belles pierres, ses bois solides et ses hommes qui font d'excellents soldats. Ils savent qu'en Nubie arrivent des terres du Grand Sud : aromates, bois d'ébène, défenses d'ivoire, singes, girafes, guépards et panthères. Le roi aime toutes ces belles choses venues du cœur de l'Afrique.

OASIS

En égyptien ancien, le mot *oubat* signifie « chaudron » et désigne ces régions chaudes, à la température aussi pénible que celle de l'intérieur d'un chaudron. De ce mot ancien est né le nôtre : oasis !

Perdues dans le DÉSERT, autour d'un puits ou d'un lac, ces oasis, îlots de verdure, sont réputées pour leurs palmiers-dattiers aux fruits succulents, leurs vignes au VIN excellent et leurs élevages d'ÂNES. Elles sont aussi connues pour abriter des prisonniers qui, vu leur isolement, ne risquent pas de s'enfuir, le désert étant le meilleur des gardiens.

Le climat y est rude, la vie, dure, et pourtant on trouve dans les oasis des villages et des TEMPLES magnifiques au cœur de grandes VILLES.

OBÉLISQUE

C'est une grande pierre dressée ayant une base carrée et se terminant en pointe à son sommet.

Au fil des siècles, les Égyptiens placent de plus en plus souvent

des obélisques à la porte de leur **TEMPLE**. Fins, élancés, gigantesques, ornés de **HIÉROGLYPHES** peints de couleurs vives, taillés dans une seule pierre pesant plusieurs dizaines de tonnes, ces obélisques sont transportés et dressés au prix de nombreux efforts.
Les obélisques représentent pour certains le roc, l'île, la première terre sortie du **NOUN** au premier jour du monde. Pour d'autres, ses lignes verticales montent de la Terre vers le Ciel comme les rayons du soleil descendent du Ciel vers la Terre. Pour tous, l'obélisque rappelle le culte du Soleil car sa pointe, couverte d'or, étincelle.

OFFRANDES

Ce sont les dons de toutes sortes offerts à une divinité ou à un mort.

Comme le mort vit dans sa **TOMBE**, qu'il mange et boit, il a

absolument besoin des vivants pour lui apporter de l'eau, du **VIN**, de la **BIÈRE**, des légumes, des fruits, du **PAIN**...
Il compte donc sur sa famille, sur ses amis, sur les **PRÊTRES**, qu'il paie pour s'assurer leurs services, et sur tous les passants qui approcheront de sa tombe pour déposer nourritures et boissons fraîches dans sa **CHAPELLE FUNÉRAIRE**.
Mais le riche Égyptien a peur d'être oublié : « Dans quelques dizaines d'années, se dit-il, qui se souviendra de moi ? » Alors, prévoyant, le futur mort, s'il en a les moyens, assure sa nourriture éternelle en faisant peindre sur les murs de sa tombe des scènes de moisson, des servantes préparant la bière, des bouchers découpant la viande, etc. Il y ajoute parfois des oies rôties en pierre, de fausses **JARRES** de vin en bois, des maquettes de greniers remplis de blé. Ainsi, il ne manquera de rien puisque ce qui est représenté est vrai par **MAGIE**, le dessin ou l'objet suffisant à créer la chose.
Quant aux **DIEUX**, qui, eux aussi, ont droit à des offrandes, leur service ne cesse jamais. Dans leurs **TEMPLES**, des centaines de **PRÊTRES** les nourrissent plusieurs fois par jour au cours de cérémonies longues et compliquées. Par prudence, les dieux ont aussi des peintures d'offrandes sur les murs de leurs temples afin qu'ils ne manquent jamais de rien !

OISEAUX

Faucons ou vautours, les rapaces planent dans le ciel à la recherche d'une proie tandis que dans les champs moineaux, corbeaux, cailles et pigeons cherchent leur nourriture. Non loin de là, des ibis et autres échassiers aux longues pattes s'enfoncent dans les **MARAIS**. Des oies, des canards et des pélicans se dandinent et s'envolent au moindre danger.
Dans le **DÉSERT**, les autruches aux belles **PLUMES** courent pour éviter les chasseurs. Et l'hiver, venus des pays du Nord, hirondelles et loriots viennent se réchauffer au bord du **NIL**.
Les Égyptiens élèvent certains de ces oiseaux. D'autres les **CHASSENT**. Mais, l'oiseau merveilleux qui « pond chaque jour », la poule, n'arrivera en Égypte que dans les années 300 av. J.-C.

OR ET ARGENT

Métaux divins ! Les **DIEUX** et les **DÉESSES** ont des os d'argent et des chairs d'or. Leurs **STATUES DIVINES** sont en or pur ou, au minimum, plaquées d'or comme les pointes des **OBÉLISQUES** et les portes des **TEMPLES**.

L'argent est rare en Égypte. Il vient des pays étrangers. En revanche, l'or abonde dans les DÉSERTS de l'Est. Selon ses besoins, PHARAON y envoie des EXPÉDITIONS pour lui rapporter le précieux métal. Des centaines d'hommes, officiers, SCRIBES et soldats surveillent les OUVRIERS qui s'épuisent dans les mines aux galeries étroites. Un vrai travail d'ESCLAVE ! Par une température suffocante le jour, glacée la nuit, le minerai d'or est extrait, lavé, pesé, réduit en poudre et rangé dans des sacs de cuir soigneusement comptabilisés.

Bientôt, dans les ateliers royaux, les joailliers fondent l'or ou, plus rarement, l'argent. Dans un creuset placé sur le feu, ils le versent dans des moules, obtiennent des mini-lingots qu'ils travaillent. Ils martèlent l'or avec patience, fabriquent des fils, des rubans, des plaques ou des barres. Ils remettent au feu leur morceau d'or aussi souvent que nécessaire pour lui garder sa souplesse jusqu'à la fin de leur travail. Peu à peu, ils créent de merveilleux BIJOUX, SARCOPHAGES, masques de MOMIE, VASES et coupes.

ORACLE

Par leurs oracles,
les dieux répondent
aux questions posées
par les hommes.
« Le DIEU parle
comme un père s'adresse
à son fils »,
disent les Égyptiens.

La divinité répond toujours, qu'il s'agisse du passé (« Qui vola mon âne ? » demande un paysan), du présent (« Comment me soigner ? » s'inquiète un autre) ou du futur (« Est-il bien pour moi de partir en voyage ? » interroge un troisième).
Il existe plusieurs façons de questionner le dieu, mais la plus simple est d'attendre une PROMENADE DU DIEU. Ce jour-là, les PRÊTRES, qui portent la statue divine sur sa BARQUE d'or, s'arrêtent régulièrement. La personne inquiète s'approche, pose sa question et attend : la STATUE avance pour approuver, recule pour désapprouver...
Si la réponse du dieu ne convient pas, le demandeur peut questionner un autre dieu près d'un autre TEMPLE, jusqu'à ce qu'il soit satisfait.

OSIRIS

Un habit moulant,
des bras croisés sur la poitrine,
des mains serrant
deux sceptres, une COURONNE
blanche ornée
de deux plumes et
une peau verte, voici Osiris,
le DIEU aux aventures
extraordinaires.

Lorsque Osiris, cet « être perpétuellement bon », devient roi, il « arrache aussitôt les Égyptiens à leur existence de bêtes sauvages, leur fait connaître les fruits de la Terre, leur donne des lois et leur apprend à respecter les dieux ». Tout va bien. Hélas, jaloux, son frère SETH le tue et jette son cadavre dans le NIL. Retrouvé par la déesse ISIS, momifié par le dieu ANUBIS, rappelé à la vie par les grands dieux, Osiris vit désormais dans l'AU-DELÀ.
Les Égyptiens espèrent profiter, comme lui, d'une nouvelle vie après la mort, d'une vie éternelle. Mais, lorsqu'ils labourent leurs champs, ils n'oublient pas qu'Osiris est aussi un dieu de la Végétation et ils façonnent parfois d'étranges statuettes. Sous leurs doigts, l'argile humide

mêlée de graines prend la forme de petits Osiris. Quelques jours plus tard, les premières pousses apparaissent, grandissent. Ces véritables statuettes de verdure promettent bonnes récoltes et nourriture abondante.

OSTRACA

Nous utilisons le mot d'origine grecque ostracon (au pluriel ostraca), qui signifie « coquille », pour parler de ces objets utilisés pour écrire.

La belle feuille de papyrus étant très chère, les scribes ramassent un morceau de calcaire blanc ou un éclat de poterie cassée pour écrire dessus. Ce sont des ostraca, objet économique pour rédiger une lettre, faire ses comptes, dresser une liste, noter un poème, une histoire, une prière ou tout simplement dessiner.
Écrits non pas en beaux HIÉROGLYPHES mais généralement en hiératique, les milliers d'ostraca découverts nous permettent de mieux connaître la vie des anciens Égyptiens.

OUSHEBTI

Le mot oushebti veut dire « répondant » en égyptien ancien.

Esclave de pierre, de bois ou de faïence, l'oushebti est une statuette en forme de momie, prête, par magie, à remplacer le défunt dans l'AU-DELÀ pour lui rendre la vie agréable. Il suffit de l'appeler, il répond « Présent ! » et effectue tous les travaux désagréables à la place du mort.
Voilà pourquoi les oushebti se multiplient dans les TOMBES à partir du Moyen Empire. Debout,

bras croisés sur la poitrine, ils tiennent dans chaque main une houe. Un sac pend dans leur dos et une formule magique indiquant le nom du défunt à aider recouvre leur corps :

> *« Ô statuette, si Ramosé*
> *est appelé pour faire*
> *les travaux qui doivent être*
> *effectués dans le cimetière,*
> *pour labourer les champs,*
> *irriguer les berges,*
> *transporter le sable ou*
> *arracher les mauvaises*
> *herbes, tu diras :*
> *"Me voici !" »*

OUVRIERS ET ARTISANS

Ouvriers, prisonniers et PAYSANS sans travail pendant que le NIL en crue recouvre leurs champs, tous participent aux grands travaux royaux. Ils entretiennent les canaux et les digues, transportent des pierres et des STATUES, travaillent dans les TEMPLES et les PALAIS, bâtissent des PYRAMIDES, creusent des TOMBES. PHARAON les nourrit car ils travaillent pour lui.

Près d'eux, des artisans spécialisés travaillent sur les chantiers, dans les ateliers des temples ou du roi. Ils sont potiers, vanniers, charpentiers, joailliers, SCULPTEURS, menuisiers, PEINTRES... Excellents spécialistes, leur savoir-faire et leurs secrets de fabrication se transmettent de père en fils.
Ces artisans, qui aiment la beauté et le travail bien fait, sont de véritables artistes. D'ailleurs, en égyptien ancien, c'est le même mot qui désigne l'artiste exceptionnel et le simple artisan !

PAINS ET GÂTEAUX

Ronds, ovales ou pointus, les pains sont la base de l'alimentation égyptienne.

Que ce soient les femmes à la maison ou les serviteurs dans les cuisines des villas et des PALAIS, on écrase tout d'abord les grains de blé, d'orge ou de froment dans un mortier. On les broie entre deux pierres puis on prépare la pâte à base de farine et d'eau. On la pétrit, on remplit les moules d'argile et on les enfourne.

Il est facile de varier les recettes en ajoutant du miel, du beurre, du lait, des œufs, des dattes, des figues ou des raisins.

« Quand le boulanger met ses pains au feu, se moque un **SCRIBE***, sa tête pénètre à l'intérieur du four. Son fils le tient vigoureusement par les pieds, mais s'il lui échappe des mains, il dégringole jusqu'au fond du four ! »*

PAPYRUS

(VOIR TOUTES LES UTILISATIONS DU PAPYRUS PP.88-89)

Une longue tige fine et souple surmontée d'une gracieuse ombelle : voici le papyrus, plante aimant la chaleur et l'eau.

Les hommes qui vivent près des MARAIS arrachent les papyrus aux longues tiges, les mettent en bottes et, courbés sous le poids, rentrent au VILLAGE. Là, ils trient les tiges selon leur grosseur. Les unes font des cabanes, les autres de précieux papyrus pour écrire ou des barques de pêche. Avec les fibres les plus fines, ils fabriquent des cordes, des nattes, des sièges, des paniers et des cages, qu'ils échangent dans les villages voisins contre d'autres biens, selon le bon système du TROC.

PAYSANS

L'Égypte est riche et les **PHARAONS** sont puissants grâce au travail des paysans… et presque tous les Égyptiens sont paysans ! Siècle après siècle, jour après jour, ils cultivent leurs champs, une terre qu'ils ne possèdent pas, car tout appartient au roi ou aux **DIEUX**.

Les paysans habitent dans de minuscules maisons qu'ils construisent eux-mêmes au bord du DÉSERT, là où les eaux du Nil ne viennent jamais. Le paysan a un dur métier, il vit pauvrement et travaille beaucoup : LABOURS, irrigation, MOISSONS, greniers à remplir, bétail à soigner, outils à réparer, travaux sur les chantiers royaux…
Grâce aux paysans, tous les Égyptiens mangent à leur faim.

Pourtant, les grands du royaume méprisent ceux qui les font vivre et rient de leurs ennuis.

« Malheur au paysan ! s’amuse l’un d’eux. Le ver enlève une moitié de ses grains. L’hippopotame mange l’autre moitié. Les souris abondent dans son champ. Les sauterelles s’abattent. Les moineaux le pillent. Les voleurs prennent ce qui reste. Et voici que le scribe débarque pour prendre la taxe sur la moisson. Armés de bâtons, ses hommes disent : “Donne le grain !” alors qu’il n’y en a pas. Ils le frappent et le jettent dans le puits. »

PÊCHEURS

Pour manger du poisson, rien de plus simple : les poissons abondent dans le NIL ou ses canaux ! Cependant, la religion interdit au roi et aux prêtres d’en consommer.

Il existe différentes façons de pêcher. Seul dans sa barque de

TOUTES LES UTILISATIONS DU PAPYRUS

Dans les fourrés, les papyrus atteignent 6 m de haut !

Les enfants aiment grignoter les jeunes tiges.

Coupe et transport des papyrus.

DES OBJETS POUR TOUS LES JOURS

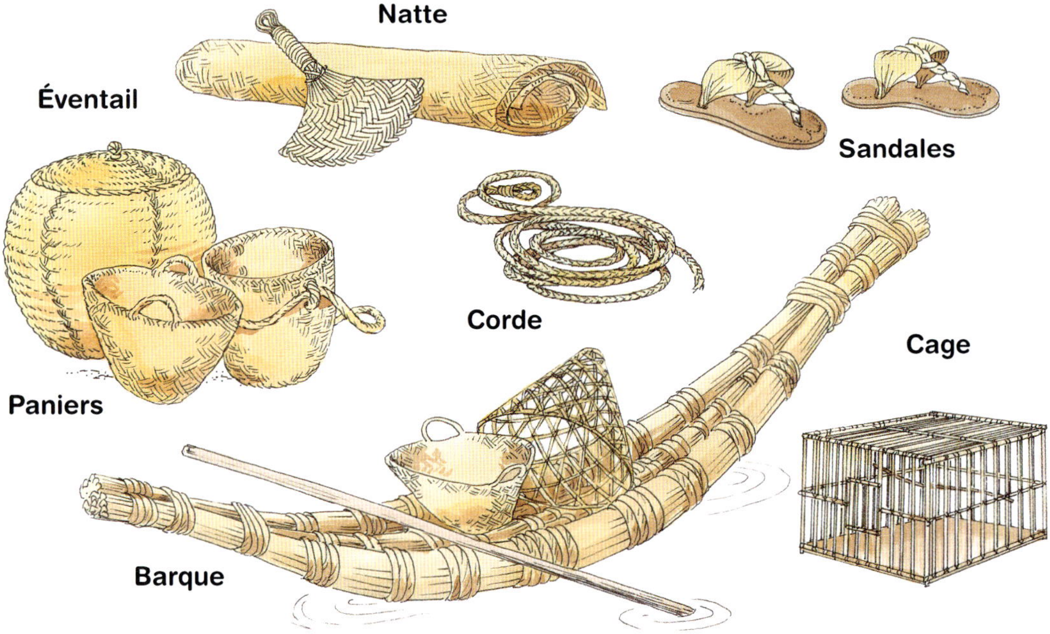

COMMENT FABRIQUER UN ROULEAU DE PAPYRUS :

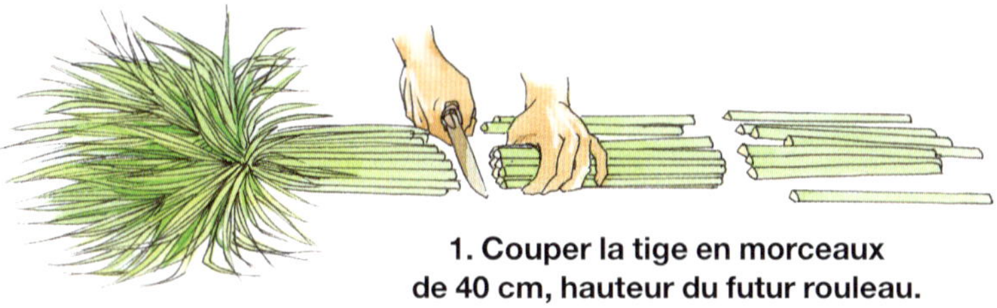

1. Couper la tige en morceaux de 40 cm, hauteur du futur rouleau.

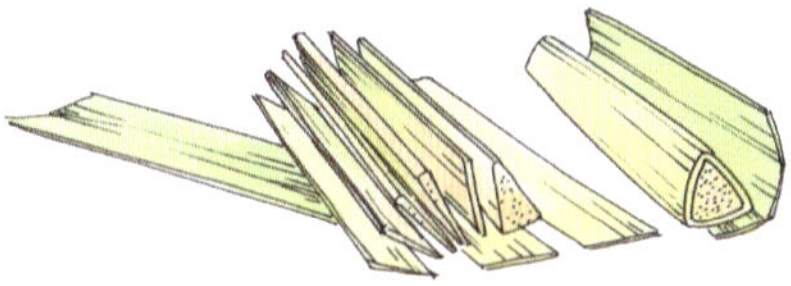

2. Avec un couteau, ôter l'écorce puis couper les tiges en lamelles.

3. Poser deux couches de lamelles croisées.

4. Mouiller puis frapper longtemps avec un maillet.

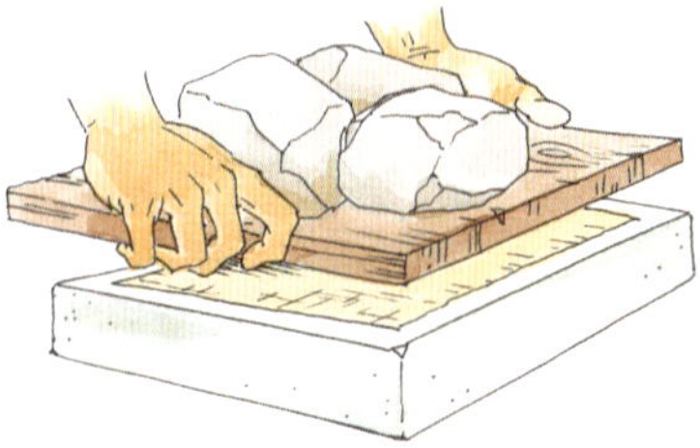

5. Laisser sécher.

6. Poncer avec une lourde pierre lisse.

7. Coller une vingtaine de feuilles bout à bout pour obtenir un beau rouleau.

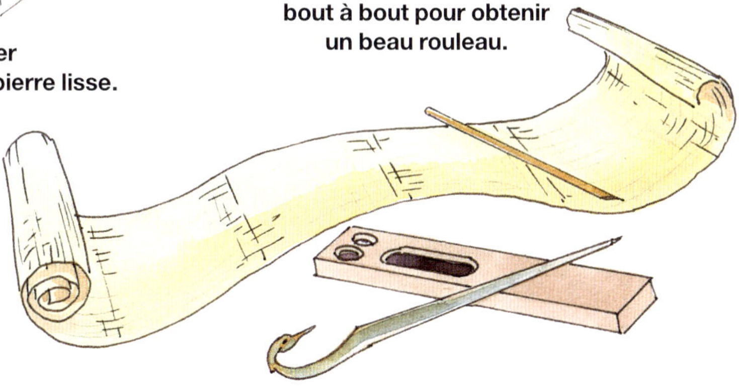

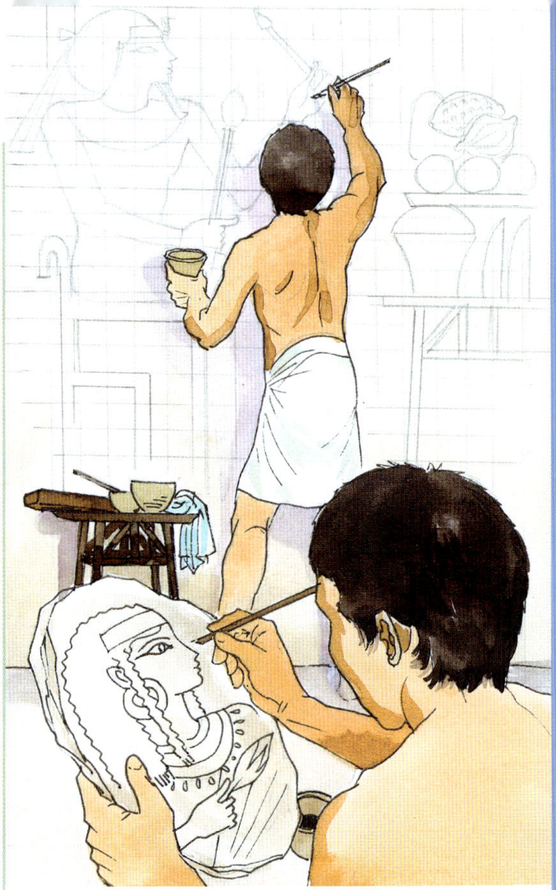

(SUITE PÊCHEURS)

PAPYRUS, le pêcheur laisse flotter sa canne à pêche. Dès que le poisson mord à l'hameçon, il le sort de l'eau et l'assomme avec une pierre. De temps à autre, il pêche à l'épuisette ou installe des nasses dans les eaux peu profondes des MARAIS. Il y glisse un appât et attend que ses nasses se remplissent.
Lorsqu'une dizaine de pêcheurs travaillent ensemble, ils tendent un immense filet entre deux barques et, au bon moment, le rabattent sur les poissons. Puis ils les accrochent sur un long bâton ou les entassent dans des paniers. De retour au VILLAGE, assis sur des tabourets bas, ils les écaillent, les ouvrent, les vident et les étalent pour les sécher au soleil. Ainsi, leurs poissons se conservent longtemps.

PEINTRES ET DESSINATEURS

Les dessinateurs montrent chaque objet de façon simple et claire pour qu'on le reconnaisse : une MAISON est vue de face, un étang de dessus, un corps de profil avec des épaules de face, une tête de profil mais un œil de face... Ils ajustent avec élégance une tête d'animal sur un corps humain tout en suivant des règles très strictes. Le bras ou la jambe mis en avant est toujours le plus éloigné. Une longue canne est tenue dans la main gauche, un bâton court dans la droite, etc. Ils n'oublient pas que la taille des personnages dépend de leur importance : les DIEUX et les PHARAONS sont gigantes-

ques, les REINES et les princes plus petits, les serviteurs minuscules. Ils superposent les scènes, les alignent et mêlent à leurs dessins d'admirables HIÉROGLYPHES. Parfois, leurs personnages parlent : une vraie BD !
Les textes et dessins vérifiés par le Chef Dessinateur et le Chef des SCRIBES, les peintres achèvent le travail. Armés de roseaux à l'extrémité mâchée, de brosses en fibre de palmier, de godets à eau, de tessons pour préparer les couleurs, ils peignent tout : les murs, les sols, les plafonds, les colonnes, les coffrets, les meubles et les statues !

PHARAON

(VOIR DE CÉLÈBRES PHARAONS PP. 92-93)

Le mot pharaon vient de l'égyptien *per-aâ* qui signifie « grande maison, palais ». Avec le temps, ce mot désigne son propriétaire.

Successeur d'HORUS, dernier DIEU à avoir régné sur Terre, Pharaon est fils des dieux. Son premier devoir est de les remercier, car grâce à eux l'univers existe et continue d'exister, le NIL coule, les PLANTES poussent, la nourriture ne manque pas.

« Hommage à vous, dieux et déesses, maîtres du Ciel, de la Terre et de l'Océan, dit Pharaon en leur faisant des OFFRANDES*. Je suis votre fils. Vous m'avez fait roi. »*

Un roi absolu, car le divin pharaon possède tout et décide de tout : il prie les dieux, bâtit des temples, dirige des cérémonies religieuses, fait la guerre, organise les EXPÉDITIONS commerciales, rend la justice, choisit son VIZIR, convoque le Conseil, décide, ordonne.
Pharaon ne manque pas de travail, mais il profite aussi de nombreux plaisirs : promenades, VOYAGES, FÊTES, BANQUETS et CHASSES.
Cependant, fils de dieu ou pas, fils de roi ou pas, rien n'empêche les intrigues de palais et les pharaons détrônés. On compte environ trois cents pharaons en trois mille ans d'histoire ! Certains d'entre eux sont très célèbres : Khéops et sa Grande Pyramide (vers 2650 av. J.-C.), Pépi II et son règne de quatre-vingt-dix ans (vers 2300 av. J.-C), Toutânkhamon et

DE CÉLÈBRES PHARAONS

DJÉSER
bâtit la toute première pyramide du monde : la pyramide à degrés (Ancien Empire, 3e dynastie, vers 2600 av. J.-C.).

KHÉPHREN
construit la grande pyramide gardée par un sphinx gigantesque (Ancien Empire, 4e dynastie, vers 2500 av. J.-C.).

MENTOUHOTEP II
réunifie l'Égypte après une longue période de révoltes (Moyen Empire, 11e dynastie, vers 2030 av. J.-C.).

AMÉNOPHIS IV
ou **AKHÉNATON**
ce roi original change de nom car il adore le dieu Aton, le Disque solaire (Nouvel Empire, 18e dynastie, vers 1340 av. J.-C.).

TOUTÂNKHAMON
mort à 18 ans, est célèbre grâce aux merveilles découvertes dans sa tombe (Nouvel Empire, 18e dynastie, vers 1330 av. J.-C.).

SÉSOSTRIS Ier
conduit à la victoire son armée et agrandit son royaume en Asie (Moyen Empire, 12e dynastie, vers 1950 av. J.-C.).

AMMÉNÉMÈS III
réorganise son royaume et se consacre aux grands travaux du Fayoum (Moyen Empire, 12e dynastie, vers 1800 av. J.-C.).

HATSHEPSOUT
véritable pharaon, cette reine règne sur l'Égypte pendant de longues années (Nouvel Empire, 18e dynastie, vers 1470 av. J.-C.).

RAMSÈS II
bâtit de nombreux temples, règne pendant soixante-sept ans, a six Grandes Épouses, une centaine d'enfants et meurt presque centenaire (Nouvel Empire, 19e dynastie, vers 1250 av. J.-C.).

CLÉOPÂTRE
dernière « pharaon » d'Égypte, préfère mourir en se faisant piquer par un serpent que d'accepter la domination des Romains (époque ptolémaïque, vers 30 av. J.-C.).

sa tombe aux mille trésors (1314-1345 av. J.-C.), Ramsès II et ses colosses (1301-1235 av. J.-C.), sans oublier la belle Cléopâtre et sa mort tragique (en 30 av. J.-C.).

PIERRE DE ROSETTE

En 1799, lors de l'expédition de Napoléon Bonaparte en Égypte, l'un de ses officiers découvre une STÈLE près de Rosette, port situé au nord du pays.

Utilisée dans un vieux mur, cette stèle porte une longue inscription en trois écritures différentes. Il y a des HIÉROGLYPHES, du grec et du démotique (langue utilisée par les Égyptiens à partir du VIe siècle av. J.-C.).
Ce décret du PHARAON Ptolémée V permet à CHAMPOLLION de déchiffrer les hiéroglyphes, car il s'agit du même texte écrit en trois langues différentes.

PLANTES

Dans la vallée, ce ne sont que champs de céréales blondes ou de LIN bleu et, ici ou là, quelques bouquets d'arbres. Sycomores, acacias, palmiers-dattiers et figuiers offrent leur ombre le long des chemins, dans les JARDINS et jusque dans les VILLAGES. Un peu plus loin, ce sont des vignobles, des jardins aux belles fleurs et des potagers où s'alignent salades, poireaux, oignons, ail ou concombres.
Non loin de là, des ANIMAUX sauvages fourmillent dans les fourrés de PAPYRUS et parmi les LOTUS des MARAIS.
Et, dans les immenses DÉSERTS, épineux et herbes rares résistent

autant que possible à la chaleur et à la sécheresse.

PLEUREUSE

La famille du mort craint-elle de ne pas montrer assez de tristesse lors de l'ENTERREMENT d'un parent ? Peut-être. Quoi qu'il en soit, elle loue les services de pleureuses. Ces femmes accompagnent le mort, sa famille et ses amis jusqu'à la TOMBE dans le désert.
Elles sanglotent bruyamment, gémissent, se barbouillent le visage de terre, déchirent leur robe, se tirent les cheveux. Et plus on est riche, plus on a de pleureuses !

PLUMES D'AUTRUCHE

Très appréciées, les plumes d'autruche sont rares et chères. Pour s'en procurer, on chasse dans le DÉSERT le bel oiseau qui ne sait pas voler et on le plume.

Pas d'ÉVENTAIL élégant pour se rafraîchir en été sans plumes d'autruche ! Mais ces plumes ont bien d'autres utilisations. MAÂT, DÉESSE de la Justice et de la Vérité, en plante une dans ses cheveux. OSIRIS en fixe deux de chaque côté de sa belle coiffe blanche et AMON, deux sur sa couronne. Les soldats, quant à eux, les Égyptiens comme leurs ennemis, piquent une ou plusieurs plumes d'autruche dans

leurs cheveux : plume dressée, ils sont en état de guerre, plume basse, tout va bien.

PRÊTRE

Les prêtres, que les Égyptiens appellent les « Serviteurs du Dieu », agissent toujours au nom de PHARAON et à ses frais. Ils sont là pour satisfaire les divinités qui, en retour, maintiennent l'univers tel qu'il est.

Tous les prêtres qui approchent le DIEU en son TEMPLE doivent être « purs » : ils se lavent plusieurs fois par jour, se rasent soigneusement et remplissent des tâches bien différentes. Le Grand Prêtre dirige le temple.

« Il est un bon père pour ses subordonnés, écrit un SCRIBE. Il fait l'éducation de leur jeunesse, tend la main à celui qui va à sa ruine et maintient en vie ceux qui se trouvent en détresse. »

Près de lui, les prêtres spécialisés sont juges, médecins, rédacteurs des écrits sacrés, professeurs, directeurs des artistes ou administrateurs des domaines du temple. Le prêtre-pur examine les animaux à offrir au dieu en sacrifice. Le prêtre-astronome fixe l'heure des cérémonies. Le prêtre-lecteur lit à voix haute les textes sacrés. Et des dizaines de prêtres, aux tâches moins nobles, se partagent le reste du travail. Ces derniers sont parfois de simples Égyptiens au service du dieu à tour de rôle. Répartis en quatre groupes, ils passent un mois dans le temple, trois mois chez eux et reviennent !

PROMENADE DES DIEUX

(VOIR LA PROMENADE DU DIEU PP.110-111)

Au moins une fois par an, lors d'une fête, la **STATUE DIVINE** sort de son **TEMPLE** pour visiter sa ville. Ce jour-là, la foule se presse sur le passage du cortège.
Elle vient parfois de loin pour l'apercevoir ou, mieux encore, l'interroger car les dieux, qui savent tout, peuvent répondre à toutes leurs questions.

Barque divine.

La **TOILETTE DU DIEU** achevée, les **PRÊTRES** sortent la divine statue de sa chapelle et la posent sur sa barque d'or installée sur un brancard. Doucement, ils la soulèvent tandis qu'autour d'eux se forme le cortège. Les uns agitent des bouquets ou des **ÉVENTAILS**, les autres brandissent des parasols, purifient l'air à coups d'encensoir, récitent des rituels ou chantent... À petits pas, ils traversent les salles, les cours et le pylône. Ils avancent sur l'allée des **SPHINX** et se retrouvent au milieu d'une foule joyeuse, heureuse d'apercevoir enfin sa divinité.
Oubliant chaleur et poussière, les prêtres promènent le dieu pendant des heures, s'arrêtant parfois pour que ceux qui le veulent le questionnent. Par leur intermédiaire, le dieu rend ses **ORACLES** et la promenade continue.
Quelques heures plus tard, de retour en son temple, le dieu s'endort, satisfait, tandis que ses prêtres épuisés se reposent enfin.

PTAH

Inventeur des techniques et des arts, ce **DIEU** étrange et puissant

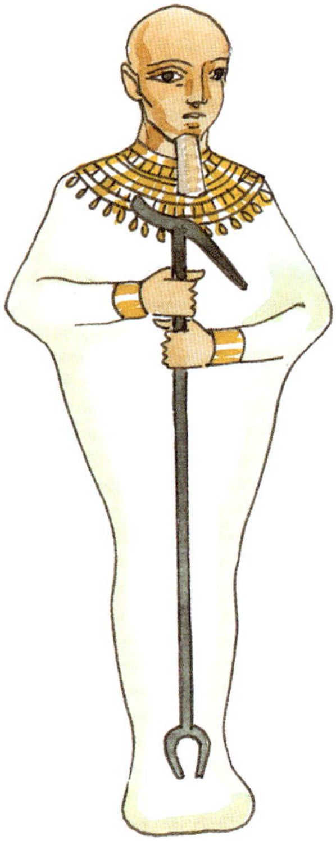

protège tous les ARTISANS. Le corps serré dans un long tissu, le crâne rasé, la barbe postiche bien accrochée, seuls son visage et ses mains apparaissent.
Pour les habitants de MEMPHIS, Ptah est le créateur de l'univers, celui qui, au premier jour du monde, écouta son cœur, pensa à ce qui devait être fait et le dit. En parlant, il donna vie aux divinités et aux hommes, aux ANIMAUX, aux PLANTES, bref au monde tout entier.

PYRAMIDE

(VOIR LES DIFFÉRENTS TOMBEAUX PP. 100-101)

Dès l'Antiquité, des voyageurs grecs s'amusent en appelant ces énormes monuments pyramis. Chez eux, ce mot désigne un petit gâteau ayant cette forme. Ce nom leur est resté.

Pourquoi les rois se construisent-ils des tombes en forme de pyramide ? Est-ce un souvenir de la première île sortie du NOUN, l'océan glacé qui existait avant la création du monde ? Est-ce une manière pratique pour le roi mort de rejoindre les DIEUX au ciel en utilisant ses pentes douces ? Escalier merveilleux, passerelle géante, rayons de soleil fabuleux... Quoi qu'il en soit, une pyramide n'est qu'une TOMBE !
Construite pour le pharaon Djéser dans les années 2700 av. J.-C., la toute première est une pyramide à degrés, en forme d'escalier, à Saqqara. Quelques années plus tard, à Guizeh, le roi Khéops s'en fait bâtir une, aux parois lisses, mais gigantesque, la plus grande jamais construite : elle mesure 147 m de hauteur. Près de cette

tombe, à l'intérieur sombre et sans décor, se trouvent trois petites pyramides de reines, des **MASTABA**, ces tombes rectangulaires pour les Égyptiens importants, et cinq vrais **BATEAUX** de bois, en pièces détachées, rangés dans des fosses. Contre la pyramide se dresse un **TEMPLE FUNÉRAIRE** d'où part une chaussée, dallée et couverte, qui mène à un autre temple funéraire en bordure du désert. Désormais, et pendant plusieurs siècles, chaque roi se fait construire et enterrer dans sa pyramide. Elles sont toutes différentes, mais il faut attendre le règne du pharaon Ounas, à la fin de la Ve **DYNASTIE**, pour que les murs intérieurs des pyramides se couvrent d'inscriptions.

RÊ

DIEU Soleil, dieu créateur, portant fièrement sur son corps d'homme une tête de faucon surmontée du disque solaire, Rê est la grande divinité d'**HÉLIOPOLIS**.

Les légendes abondent à son sujet. Les unes racontent que, jadis, dans les eaux glacées du **NOUN**, Rê apparu au premier jour du monde et, aussitôt, se mit à créer l'univers : les dieux et les déesses, les hommes et les bêtes, les **PLANTES** et les montagnes… À la tête d'une étrange famille divine, Rê gouverna longtemps, très longtemps. Ce fut l'Âge d'Or, une époque merveilleuse où le mal n'existait pas !

« Les hommes ont un sort
favorisé. Rê brille pour eux.
Il a fait le Ciel
et la Terre à leur intention.
Il a repoussé pour eux
la menace des eaux.
Il a fait le souffle pour que
vivent leurs narines. Il a fait
les **PLANTES**, *les* **ANIMAUX**
et les poissons afin
de les nourrir. »

Mais un jour, vieux et fatigué, Rê laissa le pouvoir à ses descendants : Shou, Geb, puis **OSIRIS** et enfin **HORUS**, qui fut le dernier dieu-roi sur Terre.
D'autres légendes décrivent le voyage de Rê sur sa **BARQUE SOLAIRE** dans le ciel d'Égypte et ses combats contre **APOPIS**. D'autres encore racontent que la déesse du Ciel, Nout, au corps

DES TOMBEAUX TOUJOURS GIGANTESQUES

INTÉRIEUR

LA PYRAMIDE DE KHÉOPS

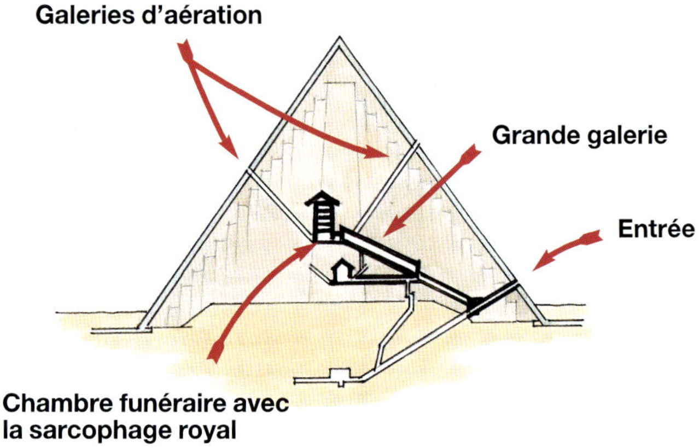

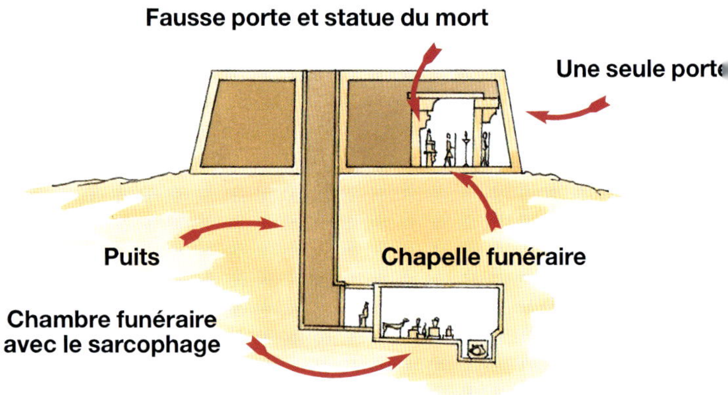

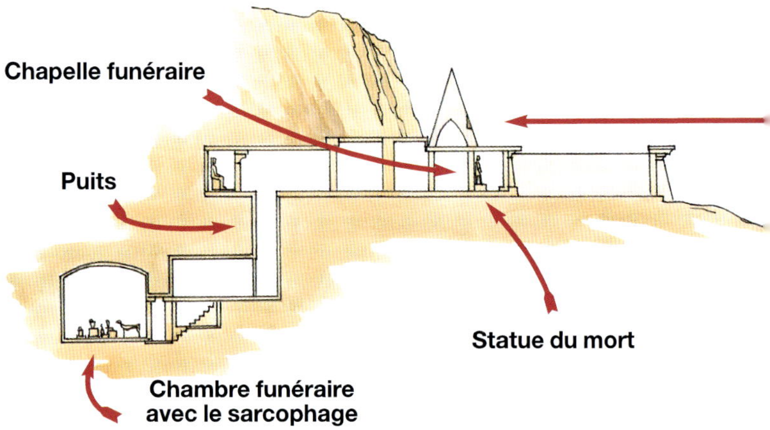

EXTÉRIEUR

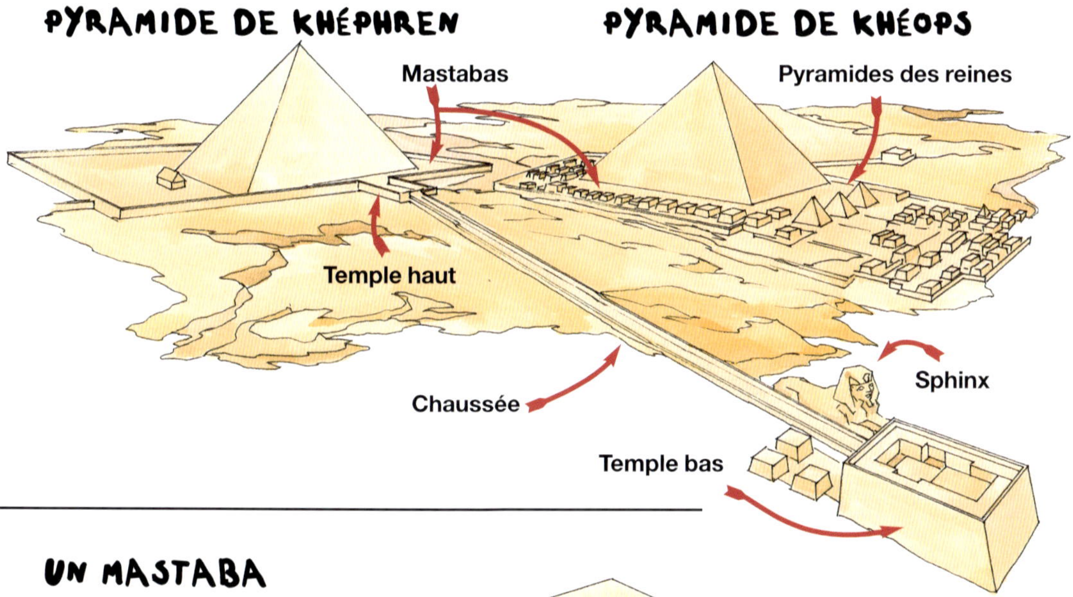
PYRAMIDE DE KHÉPHREN
PYRAMIDE DE KHÉOPS
Mastabas
Pyramides des reines
Temple haut
Chaussée
Sphinx
Temple bas

UN MASTABA
Une seule porte

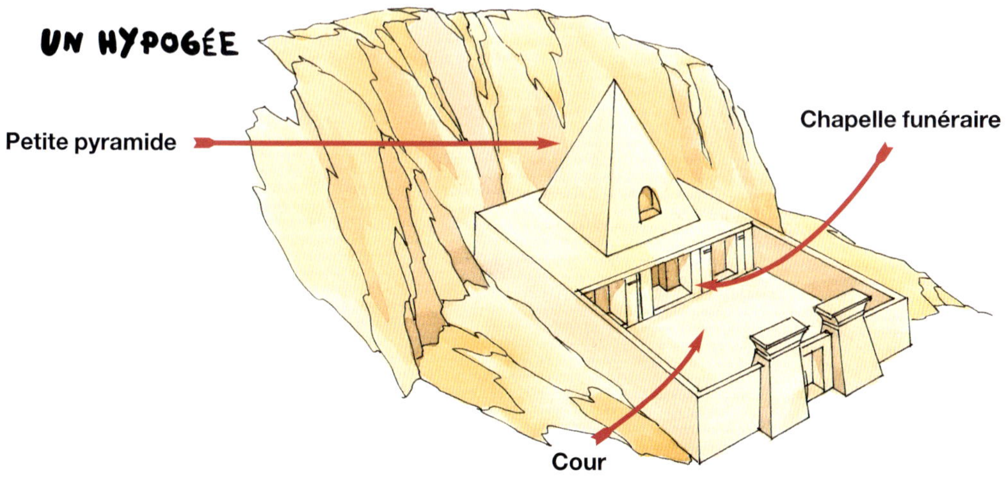
UN HYPOGÉE
Petite pyramide
Chapelle funéraire
Cour

arc-bouté au-dessus du monde, avale chaque soir le Soleil pour le mettre au monde à l'aube du lendemain...

RÉCOMPENSES ROYALES

PHARAON sait récompenser ceux qui le servent bien. SCRIBES, ministres, généraux, guerriers courageux : ceux qui le méritent sont invités au PALAIS royal, au pied du Balcon des Apparitions.

Le jour dit, les futurs décorés attendent dans la cour. Enfin, Pharaon apparaît au balcon. Alors, l'un après l'autre, les hommes le saluent, puis font son éloge.

« Tu es mon grand serviteur, répond Pharaon à chacun d'eux. Tu as écouté mes instructions concernant toutes les missions que tu as faites et dont je suis satisfait. Je te donne l'or de la vaillance et... »

Sur une table près du roi, les cadeaux s'amoncellent : vaisselle précieuse, JARRES de VIN, de BIÈRE et BIJOUX, dont les célèbres colliers d'OR qu'un serviteur ajuste aussitôt au cou des décorés. Ceux-ci remercient Pharaon, s'inclinent et rentrent chez eux avec leurs cadeaux. Comme toujours, un scribe royal a tout noté.

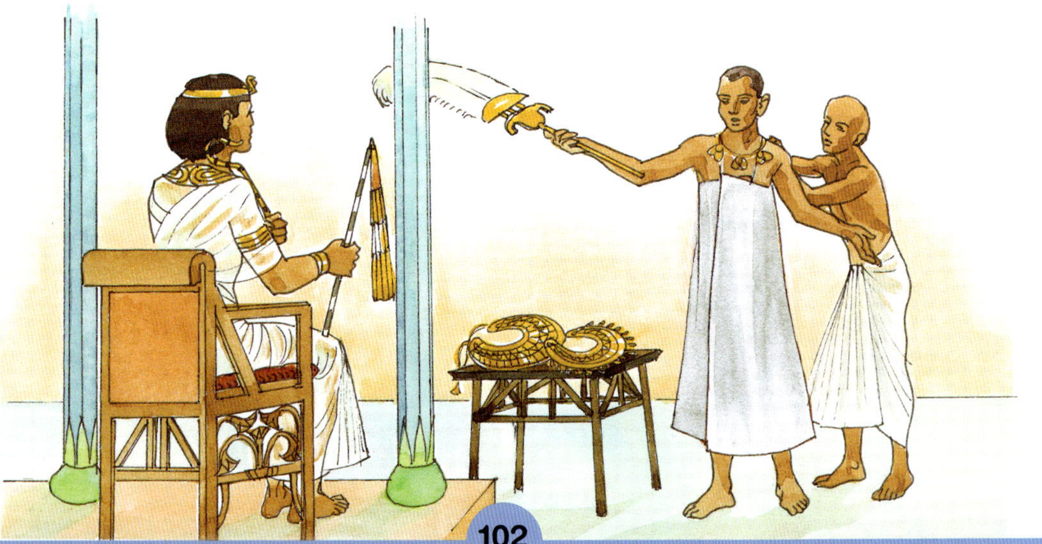

REINES

Au royaume d'Égypte, toutes les reines n'ont pas la même importance.

PHARAON peut se marier plusieurs fois. L'épouse la plus importante est la Grande Épouse Royale, dont les enfants sont, en principe, les héritiers du roi. Elle est le deuxième personnage du royaume. Près d'elle, la Reine Mère du Roi a parfois un rôle considérable.
Les autres épouses de Pharaon sont reines également, mais de moindre importance.
Quant aux femmes-pharaones qui règnent réellement en leur nom, comme les célèbres reines Hatshepsout et Cléopâtre, elles sont très rares.

REPAS

Presque tous les Égyptiens se contentent de PAIN, d'oignons et de BIÈRE. Parfois, ils grignotent le bas des tiges de PAPYRUS ou dégustent du poisson.
Les grands du royaume ont une nourriture variée et copieuse. Le pain reste la base de leurs repas, mais ils mangent souvent de la viande : bœuf ou gibier, oies ou canards rôtis, poissons grillés ou séchés. Ils y ajoutent des légumes (concombres, poireaux et salades), des fruits (dattes, raisins et figues) et des gâteaux au MIEL.
Accroupis sur le sol ou assis sur des tabourets, après s'être lavé les mains, ils piochent dans les plats contenant les mets posés sur une natte ou une table basse.
Gobelets, bols, coupes, brocs : la vaisselle des paysans est en poterie, celle des riches en pierre. Seuls les rois utilisent une vaisselle d'OR ou d'ARGENT.

RÊVES

« Le DIEU a créé les rêves pour indiquer la route aux hommes quand ils ne peuvent voir l'avenir », nous rappelle un PRÊTRE.

Pour comprendre leurs rêves et leurs cauchemars, les Égyptiens questionnent parfois des prêtres-lecteurs, connus pour être d'excellents interprètes des songes. Dans leurs PAPYRUS, ces spécia-

listes trouvent des exemples de rêves avec leurs bonnes interprétations.

> *« Si un homme se voit en rêve*
> *regardant par la fenêtre :*
> *c'est bon, le dieu entendra*
> *son appel, est-il écrit.*
> *Si un homme se voit en rêve*
> *avec un gros chat : c'est bon,*
> *sa moisson sera belle.*
> *Regardant un nain :*
> *c'est mauvais, la moitié*
> *de sa vie lui sera ôtée.*
> *Regardant au fond d'un puits :*
> *c'est mauvais, il ira en prison.*
> *Buvant de la bière chaude :*
> *c'est mauvais, ses biens lui*
> *seront enlevés... »*

Dans les cas compliqués, il faut étudier les mots. Ainsi, celui qui se voit en rêve manger de la viande d'ÂNE peut se réjouir : c'est un bon signe, promesse d'enrichissement, car les mots « âne » et « grand » sont des homophones (mots qui se prononcent de la même manière en égyptien ancien).
Celui qui fait un mauvais rêve ne doit pas s'affoler, mais tenir compte de l'avertissement et agir vite pour éviter la catastrophe annoncée. Il peut invoquer la déesse ISIS qui saura le défendre ou prendre des pains et de l'herbe verte, les mouiller de bière, ajouter de l'encens, malaxer et s'enduire le visage avec cette préparation... Et son mauvais rêve sera effacé !

SAISONS

Les douze mois de l'année se regroupent en trois saisons de cent vingt jours chacune : *Akhet* l'Inondation, *Péret* les Semailles et *Chémou les* Moissons. La nouvelle année commence le premier jour de la saison de l'INONDATION, lorsque les eaux du Nil grossissent, en juillet. C'est alors une belle journée de fête !

SARCOPHAGE

> Venu du grec sarkophagos
> signifiant « qui mange,
> qui détruit les chairs »,
> ce mot désigne le coffre
> où l'on enferme le corps
> d'un mort.

Les premiers sarcophages sont des coffres rectangulaires en bois ou en pierre, sans décoration.

Dans les années 2000 av J.-C., ils se parent de belles couleurs et se couvrent de textes religieux. Puisque le mort y habite comme dans sa MAISON, on peint des FAUSSES-PORTES pour qu'il puisse sortir et des faux yeux pour qu'il puisse voir.

Mais, bientôt, la mode change. Couvert d'inscriptions, un premier sarcophage en forme de MOMIE est placé dans un second sarcophage rectangulaire. Le mort est ainsi mieux protégé.

Quant aux rois, ils bénéficient de nombreux sarcophages emboîtés les uns dans les autres. Merveilleusement décorés, ils sont parfois en or, en argent ou ornés de pierres précieuses.

SCARABÉE

Dès l'aube, le scarabée, petite bête à carapace noire et brillante, pousse devant lui une minuscule boule de terre mêlée de quelques déchets, une boule ronde comme le soleil. Comme certains PRÊTRES pensent que cet ANIMAL est un aspect de Khépri, le dieu du Soleil Levant, le scarabée devient à la fois le HIÉROGLYPHE signifiant « venir à l'existence » et une AMULETTE protectrice et élégante. Les artisans en fabriquent des milliers, sans oublier les Scarabées de Cœur qui, placés au bon endroit sur une MOMIE, empêchent le vrai cœur de dire du mal du mort lors de son jugement !

SCORPION

Avec sa queue recourbée se terminant par un aiguillon venimeux, ses pinces placées à l'avant et ses huit pattes, le scorpion des sables se faufile partout. Il n'attaque pas, mais pique celui qui le dérange. Toujours douloureuse, sa piqûre est parfois mortelle. En revanche, le scorpion d'eau ne pique jamais.

Les Égyptiens ont fait de cet ANIMAL dangereux l'un de leurs premiers HIÉROGLYPHES et une DÉESSE à la fois redoutable et bienveillante, Selket.

SCRIBE

Tous ceux qui savent lire et écrire sont des scribes, et le VIZIR est le premier d'entre eux. Venu du latin, le mot scribe signifie « celui qui écrit ».

« Les scribes ne se sont pas érigé de PYRAMIDES. Leurs TOMBES sont oubliées, mais on évoque leurs NOMS du fait des œuvres qu'ils ont écrites tant elles étaient parfaites. Leur souvenir est éternel. »

Et c'est vrai. Aujourd'hui encore, on connaît les noms de certains scribes : Any, Ipouer, Ankhou... Pour PHARAON, des centaines de scribes s'occupent de tout, dirigent tout, sont partout. Ils le renseignent et lui obéissent. Protégés par THOT, le dieu savant, ils s'affairent au palais royal, dans les TEMPLES, les casernes, les champs, les greniers, les CARRIÈRES, les mines. Ils ont chacun une spécialité. Ici, un scribe mesure les champs, là, un autre calcule les IMPÔTS, compte les bêtes, surveille les paysans, les artisans ou les soldats, interroge, soigne, momifie, enterre, écrit, prie, contrôle, ordonne... Ils ne quittent jamais leur matériel d'écrivain : roseaux taillés, OSTRACA et PAPYRUS, palette avec pastilles d'encre et petit pot d'eau pour délayer les encres ou effacer une erreur.

Fiers de leur métier, les scribes en apprécient les avantages. Ils ne paient pas d'impôts, ne se salissent pas et gardent la peau douce en dirigeant ceux qui travaillent de leurs mains sous un soleil brûlant.

SCULPTEUR

Dans la pierre ou le bois,
les sculpteurs façonnent
des STATUES de toutes tailles.
Ils sont, disent les Égyptiens,
les « façonniers de la vie » car,
par MAGIE, une statue est une
représentation vraiment vivante.

Le sculpteur ne travaille jamais seul : faire une statue est une œuvre collective. Avec le bois, le travail est facile, mais les pierres les plus dures ne l'effraient pas. Pour commencer, il dégrossit son bloc à l'aide d'une grosse pierre. Il tape pierre contre pierre pendant des semaines, des mois si nécessaire. Lorsque la statue a pris forme, il utilise des outils plus fins : herminette, maillet, ciseau en cuivre, pointe effilée, silex, sable. Puis il attend le SCRIBE, qui écrit sur la statue presque achevée les HIÉROGLYPHES, qu'il grave avant d'appeler les PEINTRES.
Utilisant des outils si simples, la technique du sculpteur se résume à un savoir-faire fabuleux, transmis de père en fils, mêlé à beaucoup de courage et de patience. Travail bruyant et pénible, il faut parfois un an pour sculpter, à plusieurs, un beau COLOSSE royal !

SERPENT

Nombreux en Égypte, les serpents sont souvent dangereux. Couleuvres, vipères à cornes et cobras glissent sur le sable, se cachent sous les pierres, se faufilent dans les champs et mordent fréquemment. Les MÉDECINS utilisent pour soigner le blessé des AMULETTES et, à certaines époques, des STATUES guérisseuses. Leur emploi est simple. Les médecins versent de l'eau sur une statue couverte de formules magiques et ornée du dieu HORUS debout sur des crocodiles, serrant dans ses mains des serpents. En coulant, l'eau s'imprègne de la puissance des mots magiques si soigneusement gravés. Cette eau est recueillie au pied de la statue, le malade la boit et espère guérir.

SETH

Certains **PHARAONS** portent le nom de ce dieu : Séti signifie « celui du dieu Seth ».

Une queue fourchue, un corps d'homme, une tête d'animal au museau busqué et aux oreilles carrées, Seth a une étrange apparence. DIEU de l'Orage et des DÉSERTS, il se met souvent en colère, allant jusqu'à tuer son frère OSIRIS par jalousie pour être roi à sa place. Puissant et courageux, il repousse tous les matins le dangereux serpent APOPIS qui attaque RÊ sur sa BARQUE SOLAIRE. Il est toujours vainqueur !
Cependant, au fil des siècles, oubliant son courage et ne voyant plus que sa violence d'assassin, les Égyptiens en font presque un démon, le détestant autant que son animal, l'ÂNE.

Un sphinx.

SPHINX
(VOIR PP. 76-77)

Des dizaines de STATUES de lions couchés à tête de roi protègent les bâtiments importants, surtout les TEMPLES. Gardiens redoutables, impitoyables, invincibles, ces sphinx tuent les ennemis qui osent approcher. Ainsi, nuit et jour, PHARAON est là qui veille grâce à ses sphinx. Plus il y en a, meilleure est la protection !
Parfois, ce n'est pas le roi qui protège le temple sous la forme d'un sphinx, mais c'est le DIEU lui-même. Ainsi, devant le grand temple de THÈBES, les sphinx sont des lions à tête de bélier comme le dieu AMON.

SPORT

Pour bien protéger son royaume, **PHARAON** doit être un bon chef de guerre. Pour cela, il faut conserver une excellente forme physique : faire du sport.

En conséquence, le roi s'entraîne dès l'enfance. Il tire à l'arc, court, chasse, se bat, dirige un CHAR ou un BATEAU, lance le javelot…

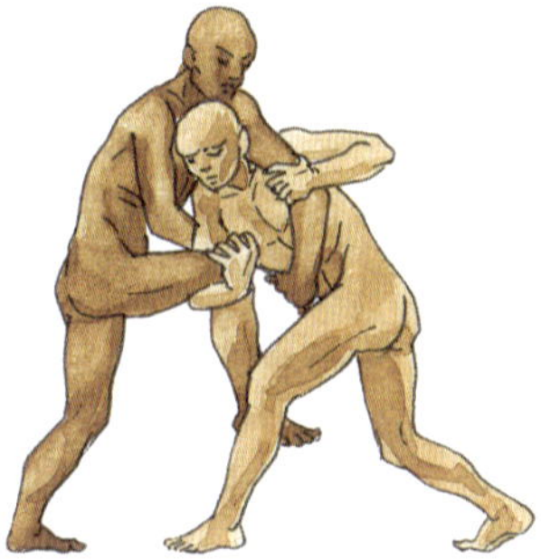

Cet entraînement, à la fois exercice nécessaire et passe-temps apprécié, dure toute sa vie.
Le roi aime tout particulièrement la **CHASSE DANS LE DÉSERT** ou la **CHASSE DANS LES MARAIS**.

STATUE

Debout le pied gauche en avant,
assis ou en prière, en bois,
en pierre, en or ou en bronze,
ornées de **HIÉROGLYPHES**, peintes,
colossales ou minuscules,
les statues égyptiennes sont
toutes différentes.

Les statues ne sont faites ni pour décorer ni pour être vues : elles sont utiles ! Placées dans un **TEMPLE**, elles sont au cœur des cérémonies religieuses. Enfermées dans une **TOMBE**, elles permettent au mort de manger, boire ou parler et, comme elles portent son nom écrit en hiéroglyphes, elles lui assurent l'éternité.
Voilà pourquoi le **SCULPTEUR** n'est pas libre de faire ce qu'il veut : il suit des règles strictes précisant les proportions du corps, la manière de placer les jambes, les bras... ou d'ajouter des yeux incrustés (une pierre blanche figure le blanc de l'œil et une noire, bien ronde, la pupille. L'effet est extraordinaire !).
Cependant, à certaines époques, oubliant ces contraintes, le sculpteur réalise des statuettes toutes simples qui ressemblent à des jeux. Elles représentent des bouchers au travail, des soldats marchant au pas, des pêcheurs remontant leurs filets... Faites de pièces ajustées en mauvais bois, elles permettent en fait au mort qui les emporte dans sa tombe de profiter, par magie, de ce qui est représenté !

STATUE DIVINE

(VOIR LA PROMENADE DU DIEU PP.110-111)

Nous savons peu de chose sur la statue divine que l'on entoure de

LA PROMENADE DU DIEU

AMON LE DIEU BÉLIER

La barque divine s'orne de têtes de bélier d'or, l'animal divin d'Amon.

DES PRÊTRES PAR DIZAINES

Rasés de frais, les uns portent la barque divine tandis que d'autres agitent des éventails pour rafraîchir le dieu.

L'ENCENSOIR

Tout au long du trajet, le prêtre brûle l'encens qui plaît au dieu et purifie l'air autour de lui.

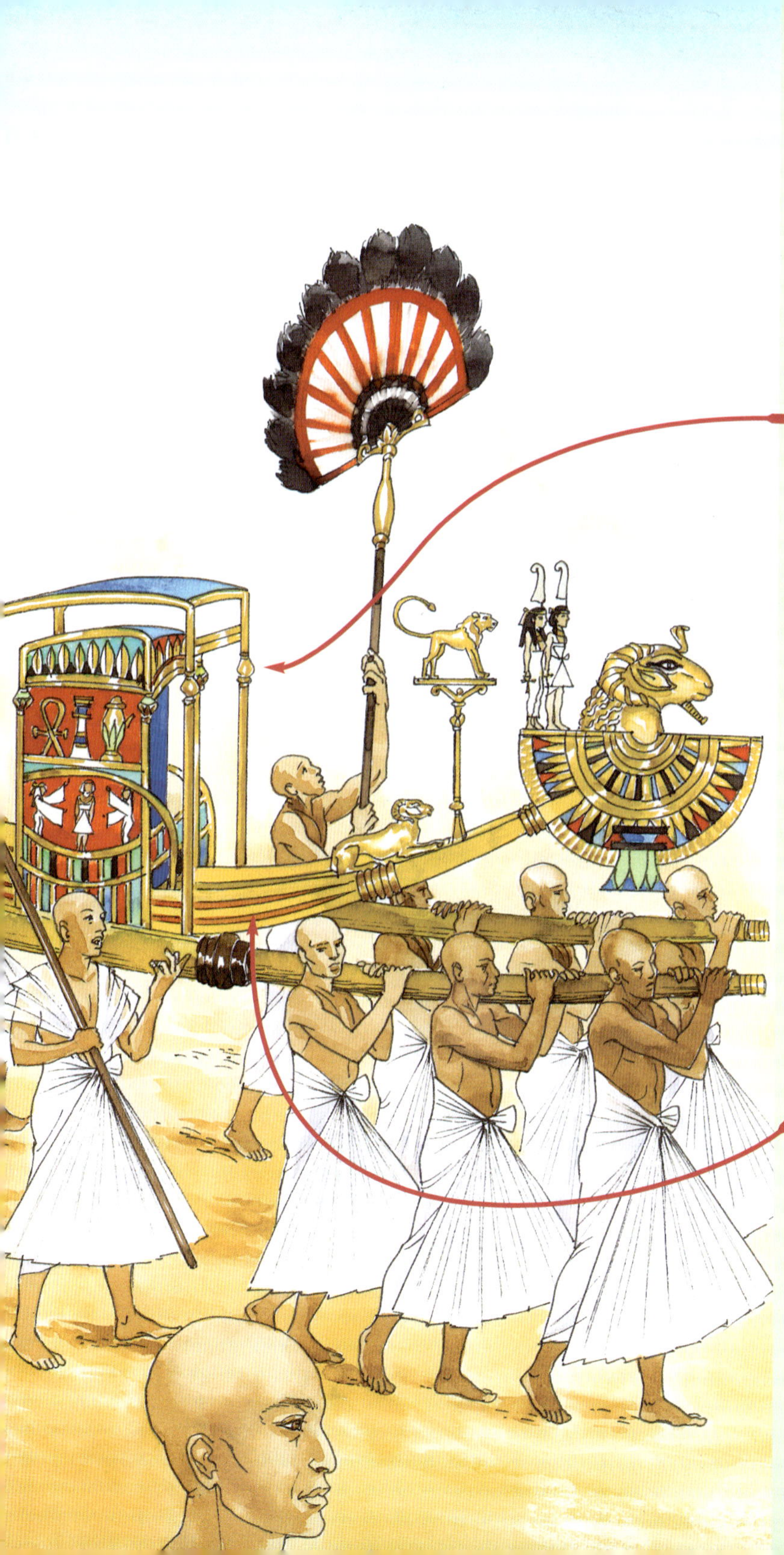

AMON, LE DIEU INVISIBLE

La statue d'Amon se cache entièrement derrière les rideaux qui ferment le petit kiosque posé sur sa chapelle portative.

TOUJOURS DES BATEAUX

Faite dans les matériaux les plus précieux, la chapelle portative du dieu a la forme d'une barque car, pour les Égyptiens, c'est l'unique moyen de transport.

tant de soins dans le **TEMPLE** et que l'on promène les jours de fête. Haute de 50 cm environ, elle est faite de matériaux si précieux que les voleurs les ont toutes détruites pour récupérer leur or et leurs pierres rares. Elle est tellement sainte que les **SCULPTEURS** ne la représentent pas sur les scènes ornant les murs des temples : ils la montrent sur sa barque divine, cachée par des tentures.
Cependant, dans les cours des temples, on trouve d'autres statues divines en belle pierre dure. Très grandes, elles ont souvent la taille d'un homme et même plus. Certaines statues du dieu **PTAH** dépassent 3 m de hauteur. Celles d'**OSIRIS** peuvent atteindre 4 m !

STÈLE

Les stèles sont des pierres ornées d'une inscription souvent accompagnée de dessins. Ce sont de véritables messages adressés aux hommes ou aux **DIEUX**.

Impressionnantes, les stèles royales sont parfois de véritables publicités officielles se composant d'un dessin du roi avec les dieux et d'un long texte hiéroglyphique. Ici, une stèle frontière marque les limites du territoire d'une **VILLE**. Là, on découvre un nouveau décret, le récit d'une victoire militaire, d'une **EXPÉDITION** lointaine ou d'embellissements effectués par le roi dans un **TEMPLE**.
Plus modestes, avec leurs dessins naïfs et leurs **HIÉROGLYPHES** mal dessinés, les stèles des particuliers sont un lien entre les dieux et les hommes, entre les morts et les vivants. Tout est possible ! Une stèle **FAUSSE-PORTE** permet au défunt de sortir de sa **TOMBE**. Une stèle aux oreilles gravées permet au dieu de mieux entendre celui qui s'adresse à lui. Une stèle de donation indique que telle personne fait un don à un temple qui, en échange, le protège. Une stèle d'**OFFRANDES** assure au défunt sa nourriture pour l'éternité. D'autres stèles permettent de remercier les dieux :

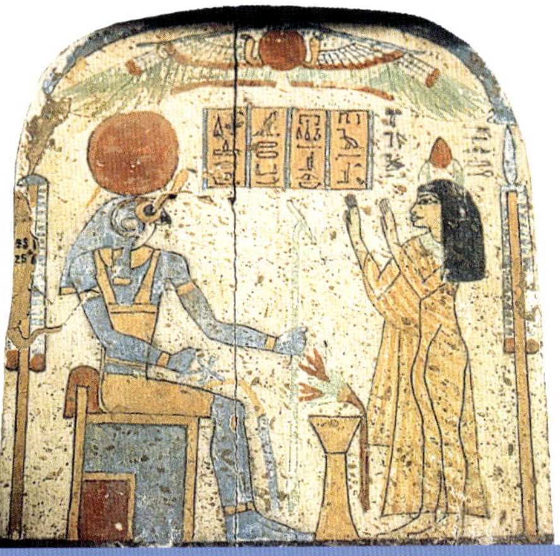

« Ô AMON ! Je t'implorai et tu m'as exaucé. Tu es un maître pour celui qui t'appelle... »,

écrit un Égyptien sur sa stèle, certain que le dieu a sauvé de la mort son fils malade.

TEMPLE

Le temple égyptien est la « Maison du dieu » sur Terre, un endroit de grande pureté fermé au peuple.

Les tout premiers temples sont de simples abris de roseaux au toit bombé. Quelques siècles plus tard, rebâtis, agrandis, embellis par les PHARAONS, ce sont d'immenses bâtiments de pierre au luxe inouï. Certains rois sont de grands bâtisseurs, d'autres pas.

« Je te donne la royauté sur le pays, déclare le dieu au pharaon qui lui construit un nouveau temple. Aussi longtemps que moi je suis, aussi longtemps tu seras sur Terre... Tant que le Ciel existe, existera ton nom comme récompense pour ce beau, grand, pur, solide et excellent monument que tu m'as édifié. »

Entièrement sculptés et peints du sol au plafond, les temples sont bâtis suivant un plan assez simple.

Une allée bordée de **SPHINX** conduit à la porte du temple qui s'ouvre entre deux pylônes, ces murs gigantesques ornés de bas-reliefs, d'**OBÉLISQUES**, de **COLOSSES** et de mâts où flottent des banderoles. La porte franchie, on découvre une cour inondée de soleil, puis une salle plus sombre aux énormes colonnes soutenant les dalles du plafond. On accède alors à des pièces minuscules renfermant les objets précieux du dieu et à des chapelles obscures soigneusement closes. La chapelle du milieu contient la statue divine, une autre sa barque portative, d'autres encore les statues des divinités amies. C'est la partie la plus sacrée du temple.
Tout près de là se pressent les habitations des prêtres, la **MAISON DE VIE**, les locaux administratifs, les greniers, les réserves, les ateliers, le **LAC SACRÉ**, le **NILOMÈTRE**, les **JARDINS**... Pour protéger tout ce bel ensemble des dangers et des indiscrets, une immense enceinte en brique l'entoure.

TEMPLE FUNÉRAIRE

(VOIR CHAPELLE OU TEMPLE FUNÉRAIRE)

THÈBES

Cette ville située au sud de l'Égypte, sur la rive est du **NIL**, est aujourd'hui appelée Louqsor.

Dans les premiers siècles de l'histoire égyptienne, Thèbes est une petite ville peu connue. Mais, dans les années 1600 av. J.-C., tout change lorsque ses princes deviennent **PHARAONS**. Alors, Thèbes la nouvelle capitale embellit, s'agrandit, s'orne de palais et de **TEMPLES** magnifiques. Son dieu, **AMON**, prend de l'importance en même temps que sa ville. Sur l'autre rive du Nil s'étend un immense cimetière avec, entre autres, les **VALLÉES DES ROIS ET DES REINES** et de nombreux **TEMPLES FUNÉRAIRES**. Hélas, en 664 av. J.-C., Thèbes est pillée et détruite par les Assyriens, des envahisseurs venus d'Asie.

THOT

Sous l'apparence d'un babouin, Thot est le patron des **SCRIBES**.

D'où vient ce dieu à corps d'homme et à tête d'ibis ? Les uns

disent qu'il est né du cœur de RÊ, d'autres du crâne de SETH... Mais rien n'est sûr.
Cependant, tous s'accordent pour dire qu'il est le plus sage et le plus savant des DIEUX, l'inventeur des HIÉROGLYPHES et du CALENDRIER, l'habile mathématicien, le puissant magicien et le dieu Lune.

TOILETTE DU DIEU

Dès l'aube, les PRÊTRES se purifient dans le LAC SACRÉ, préparent leur matériel, leurs OFFRANDES puis avancent vers la chapelle du DIEU. Au milieu des hymnes et des vapeurs d'encens, l'un d'eux s'approche de la niche qui protège la STATUE DIVINE. Il brise le sceau d'argile qui assure sa fermeture, tire le verrou et ouvre les portes. Dès qu'il aperçoit la statue, il s'allonge sur le sol, baise la terre, se relève, brûle de l'encens, se prosterne de nouveau, se relève, salue le dieu, l'encense, récite des hymnes d'adoration...
Alors, accompagnant tous ses gestes de formules choisies, il sort la statue de sa niche, la lave, dénoue ses vêtements. Puis il la revêt d'habits propres, la maquille et lui remet sceptre, BIJOUX et AMULETTES. Cela fait, avec mille précautions, le prêtre replace la statue dans sa niche, ferme les portes, pousse le verrou, scelle les battants et se retire à reculons.
« Nul méchant, nulle méchante, n'entre dans ce temple. La porte est fermée... » dit-il quatre fois en effaçant la trace de ses pas.
Les derniers hymnes chantés, tous les prêtres repartent, emportant les offrandes de la veille qu'ils répartissent aussitôt entre tout le personnel du temple.
Demain, dès l'aube, les prêtres procéderont de nouveau à la toilette du dieu.

TOMBE

(VOIR L'INTÉRIEUR D'UNE TOMBE PP.116-117)

L'Égyptien pauvre se contente d'un trou creusé dans le sable. Le plus chanceux profite d'un modeste

L'INTÉRIEUR D'UNE TOMBE PRÈS DE THÈBES

(Nouvel Empire)

(SUITE TOMBE)

SARCOPHAGE et d'une MOMIE bon marché. Quant aux autres, les riches et les puissants, ils suivent la « mode » toujours lancée par PHARAON.
Au début de l'histoire égyptienne, à partir de la IIIe dynastie, les rois sont enterrés au cœur d'une PYRAMIDE et leurs proches dans les MASTABA qui se serrent autour du tombeau royal comme, dans la vie, ils se pressent autour du roi.
Quelques siècles plus tard, ils préfèrent des HYPOGÉES creusés dans la montagne désertique.
Faits pour être visités par les vivants ou habités par les morts, mastaba et hypogées sont merveilleusement décorés. Leurs peintures montrent le mort avec sa famille, des divinités, des champs, des troupeaux, des arbres, des oiseaux et des cieux étoilés. Comme sur une BD, les dessins se mêlent aux HIÉROGLYPHES. Et, dans le caveau, partie soigneusement close de sa tombe, la momie repose pour l'éternité dans son SARCOPHAGE, entourée des nombreux objets déposés près d'elle lors de son ENTERREMENT.
Hélas, presque toutes les tombes nous sont parvenues vides ! Car, dès les temps anciens, les voleurs y ont pris de merveilleux trésors.

TRANSPORT DE STATUES

Transporter sur des kilomètres des pierres, des OBÉLISQUES ou des STATUES est une terrible épreuve mobilisant des centaines d'hommes et exigeant une technique irréprochable. Le plus simple est de faire le maximum de trajet sur le NIL, mais le transport par terre demeure inévitable.

Dans l'atelier, une nouvelle statue de 5 ou 6 tonnes est hissée sur un traîneau de bois et maintenue avec des cordes. OUVRIERS, PAYSANS enrôlés, ESCLAVES et prisonniers, des dizaines d'hommes empoignent les longues cordes fixées à l'avant du traîneau. Au signal, ils tirent. La statue glisse péniblement sur le chemin. Des hommes versent de l'eau devant le traîneau pour éviter que le bois ne chauffe et ne s'abîme. Parfois, ils placent des rouleaux de bois sous le traîneau. Enfin, tout doucement, la statue arrive au bord du fleuve.
Sur le trajet, la foule encourage les hommes, car un tel transport est toujours l'occasion d'une FÊTE.
Des soldats surveillent ouvriers et

spectateurs, prêts à intervenir. Après des jours d'efforts, les hommes installent la statue sur l'énorme **BATEAU** qui l'attend hors de l'eau, sur la rive du Nil. Il suffit alors d'attendre la crue. Quand les eaux soulèvent le bateau, de nombreuses petites barques le remorquent jusqu'à destination. Là, la statue glisse de nouveau sur le sol, tirée avec les mêmes difficultés qu'au départ et placée là où elle doit être pour l'éternité.

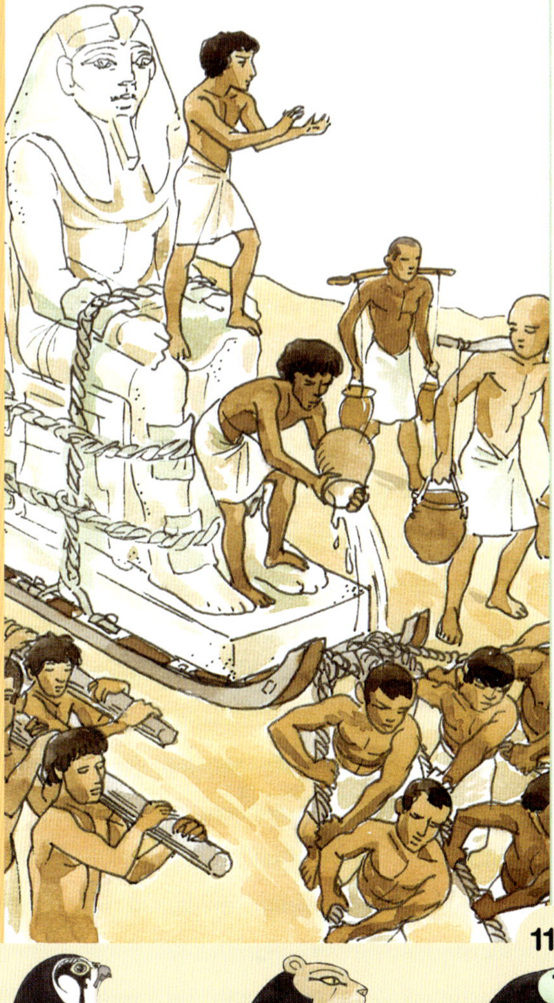

TROC

Le troc est l'échange direct d'un bien contre un autre, seul moyen d'acheter ce qui existe. La monnaie ne sera utilisée qu'à l'époque grecque.

Sur la place du **VILLAGE**, assis devant ses paniers remplis de poissons, un homme attend. Une jeune femme s'approche. Elle porte dans un coffret quelques objets à échanger car il n'y a ni pièces, ni billets, ni chèques ! Après une longue discussion, elle emporte un poisson en échange de deux colliers. Un peu plus loin, on troque deux pots contre un onguent, un collier et des sandales contre un gâteau, un panier d'oignons contre un éventail et une balayette, des hameçons contre… Quand il est facile d'évaluer les marchandises, il est inutile de se référer aux équivalents en **DÉBENS**, mais on agit tout autrement pour conclure une grosse affaire. Ainsi,

un bœuf évalué à 120 débens de cuivre s'échange contre deux pots de graisse de 30 débens chacun, cinq pagnes de 5 débens pièce, un vêtement de lin de 20 débens et un cuir de 15 débens. Le compte est bon : 120 débens de part et d'autre. L'affaire est faite.

VALLÉES DES ROIS ET DES REINES

Dans le désert face à THÈBES, de l'autre côté du NIL, s'élèvent des montagnes arides, escarpées, parfois pointues comme une PYRAMIDE. Là, dans deux vallées toutes proches, se trouvent des tombes royales creusées dans le roc : la Vallée des Rois pour les PHARAONS de trois dynasties (environ 1500 à 1000 av. J.-C.) et la Vallée des Reines pour les reines, les princes et les princesses. Merveilleusement décorés, ces dizaines d'HYPOGÉES royaux ont été pillés dès les temps anciens. Par chance, la tombe du jeune roi Toutânkhamon nous est parvenue presque intacte, nous livrant un véritable trésor aujourd'hui conservé au musée du Caire.

VASES CANOPES

Dans les temps anciens, on a relié, sans raison, les aventures de Canope, un célèbre héros grec, à un port situé au nord de l'Égypte, port où des vases aux formes originales ont été trouvés pour la première fois. Nous les appelons donc : vases canopes.

Lors de la momification, les PRÊTRES ouvrent le corps du mort, enlèvent tous ses organes et les placent dans quatre VASES de pierre. Ces vases et leur contenu sont protégés par des DIEUX : les quatre fils d'HORUS. À partir des années 1500 av. J.-C., les bouchons de ces vases représentent les visages de ces divinités. Le premier, Douamoutef, a une tête de chien ; le second, Hâpi, une tête de singe ; le troisième, Qébéhsénouf, de faucon ; et le quatrième, Amset, une tête d'homme.

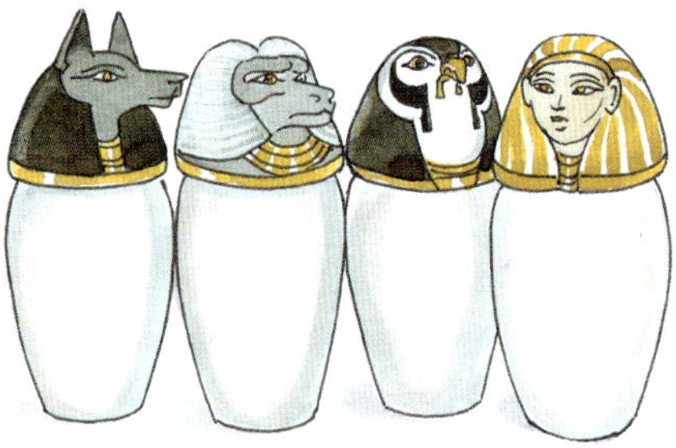

VÊTEMENTS

En Égypte, des vêtements de **LIN** suffisent pour se protéger du soleil le jour et de la fraîcheur des nuits d'hiver.

Les hommes portent en général un pagne de lin blanc qui s'arrête aux genoux, comme celui des DIEUX. Selon l'époque, les plus riches ajoutent un second pagne large, bouffant, long ou plissé, un manteau ou une chemise ample. Certains portent des vêtements indiquant leur métier comme les VIZIRS, les soldats et les PRÊTRES. Les plus pauvres se contentent d'un vieux pagne de lin ou de roseau tressé, d'une ceinture à franges sur le devant, ou restent nus comme les jeunes enfants.
Les femmes portent une robe à bretelles, longue, moulante, comme celle des DÉESSES. Souvent blanches, ces robes sont parfois teintes en rouge, jaune ou vert. Les riches élégantes ajoutent, selon la mode, un vêtement de dessus transparent et plissé, une chemise délicate ou un manteau garni de franges. Quant aux danseuses et aux jeunes servantes, elles ne portent souvent qu'une ceinture brodée.

Préférant marcher pieds nus, les Égyptiens se servent rarement de leurs sandales, faites de lanières et d'une semelle en fibre de PAPYRUS, en écorce de palmier ou en cuir. Les pauvres n'en ont pas et, dès que possible, les plus riches les enlèvent, préférant les confier à leur Porteur de Sandales qui les suit partout ! C'est plus confortable.

VILLES ET VILLAGES

L'Égypte compte quatre grandes cités : **MEMPHIS**, **HÉLIOPOLIS**, **THÈBES** et, à partir des années 300 av. J.-C., **ALEXANDRIE**, sans oublier les centaines de villes et de villages qui se regroupent sur les hauteurs à cause de l'**INONDATION**.

Au fil des siècles, les Égyptiens bâtissent et rebâtissent leurs maisons sur les ruines des anciennes, toujours au même endroit. À l'abri derrière leurs murailles, les villes sont un fouillis de rues et de ruelles, de MAISONS plus ou moins

riches, d'arbres, de bassins de pierre et de puits, d'échoppes, de **TEMPLES** avec leurs allées de **SPHINX**, de **PALAIS** peints de couleurs vives, de villas, de **JARDINS** et de bâtiments administratifs. Un peu à l'écart se trouvent les dépôts d'ordures où s'entassent les poteries cassées et, dans le **DÉSERT** proche, le cimetière.
Sans muraille, sans temple, sans palais et sans villas, les villages ressemblent aux villes, se contentant d'une ou deux chapelles pour honorer les **DIEUX**.

VIN

Si d'immenses vignobles appartiennent au roi et aux **TEMPLES**, les **JARDINS** possèdent toujours quelques pieds de vigne. Car le vin, ce cadeau d'**OSIRIS** dont la douceur dépasse celle du **MIEL**, est très apprécié des riches Égyptiens. Les pauvres se contentent de la **BIÈRE**, si facile à préparer.

Après avoir soigné et arrosé leurs vignes toute l'année, le jour des vendanges, les hommes coupent à la main les grappes aux grains bleutés. Ils vident leurs paniers dans une cuve de pierre. Le SCRIBE du Domaine compte et note le nombre de paniers apportés par chacun d'eux. Dès que la cuve est pleine, les vendangeurs y montent pieds nus pour écraser les raisins. Ils piétinent longtemps en chantant pour se donner du courage. Le jus qui coule est aussitôt recueilli et mis à vieillir dans des JARRES à bout pointu. Le scribe y appose son sceau et écrit sur les jarres soigneusement fermées :

« L'an 6 de Ramsès, vin de qualité : trois fois bonne, provenant de... »

Il y ajoute le nom du terroir, ceux du propriétaire et du responsable. Une véritable étiquette !

VIZIR

Le vizir est le Premier Ministre, le meilleur des **SCRIBES**, le plus savant.

Chargé d'exécuter les décisions royales, le vizir informe PHARAON

de tout ce qui se passe dans le royaume. Il est, dit-on, « les oreilles et les yeux du roi ». Riche et puissant, cet homme porte une robe longue, descendant de la poitrine à la cheville et maintenue par un cordon fixé derrière le cou. Sur sa poitrine brille toujours un pendentif orné d'une MAÂT, la déesse de la Justice et de la Vérité, puisque les décisions d'un vizir doivent être irréprochables ! On peut être vizir de père en fils et même devenir pharaon à la place du pharaon, comme ce fut le cas pour un certain Ramsès, connu sous le nom de Ramsès Ier !

Seul le vizir porte un très long pagne.

VOYAGES

De temps en temps, les Égyptiens voyagent, bien qu'ils espèrent ne jamais quitter leur belle vallée, ne jamais aller dans les déserts ou les pays étrangers. Car rien ne vaut la vie au bord du NIL ! Parfois, ils se rendent à la VILLE la plus proche ou participent aux FÊTES religieuses à MEMPHIS, Abydos ou THÈBES.

Les longs déplacements sont effectués par BATEAU, mais, sur de courtes distances, les voyageurs ont des conditions de transport bien différentes selon leur fortune. Les riches utilisent la CHAISE À PORTEURS et, à partir des années 1550 av. J.-C., le char tiré par des CHEVAUX. Les pauvres marchent, pieds nus, armés d'un bâton par crainte des serpents et des voleurs. Tous suivent les chemins qui longent les canaux ou le Nil. S'ils traversent à pied un petit canal, ils prennent garde aux crocodiles et, comme il n'y a pas de pont, ils doivent trouver une barque pour traverser le fleuve. Pour un Égyptien, faire passer le Nil à celui qui n'a pas de barque est un devoir aussi important que de donner du pain à celui qui a faim.

INDEX

BIBLIOGRAPHIE

LIVRES POUR LES PLUS JEUNES :

Yves Alphandari, *À la découverte des hiéroglyphes*, Castor Poche, Flammarion, 2004.

Marguerite Divin, *Contes et légendes de l'Égypte ancienne,* Pocket Jeunesse, 2000.

Évelyne Faivre-Martin, *Hiéroglyphes mode d'emploi,* éd. Réunion des Musées Nationaux, 2000.

Viviane Koenig, *Les plus beaux mythes d'Égypte et d'Afrique noire,* de La Martinière Jeunesse, 2001.

Viviane Koenig, *Fantômes d'Égypte,* Livre de Poche Jeunesse, Hachette, 2003.

Viviane Koenig, *La vie des enfants de l'Égypte ancienne,* Le Sorbier, 2000.

John Malam, *Les momies : dans les secrets de l'Égypte ancienne,* Nathan jeunesse, 2004.

Odile Weulersse, *Les pilleurs de Sarcophages,* Livre de Poche Jeunesse, Hachette, 2001.

LIVRES POUR LES PLUS GRANDS :

Guillemette Andreu, Patricia Rigault, Claude Traunecker, *L'ABCdaire de l'Égypte ancienne,* Flammarion, 1999.

Agatha Christie, *La mort n'est pas une fin,* Le Masque, 1999.

Hérodote, *Histoires, livre II,* Belles Lettres, 1967.

Erik Hornung, *Les dieux de l'Égypte : le un et le multiple,* Rocher, 1995.

Dimitri Meeks - Christine Favard, *La vie quotidienne des dieux égyptiens,* Hachette Littératures, 1993.

Viviane Koenig, *Dieux et génies de l'ancienne Égypte,* Livre de Poche Jeunesse, Hachette, 2004.

Pierre Montet, *L'Égypte au temps des Ramsès,* Hachette Littératures, 1995.

Georges Posener, *Dictionnaire de la civilisation égyptienne,* F. Hazan, 1998.

Jean Vercoutter, *À la recherche de l'Égypte oubliée,* Découvertes Gallimard, 1998.

LIVRES POUR TOUS : DES BANDES DESSINÉES

René Goscinny - Albert Uderzo, *Astérix et Cléopâtre,* Hachette, 2002.

Edgard P. Jacobs, *Le mystère de la grande pyramide,* Blake et Mortimer, 1996.

Jacques Martin, *Le sphinx d'or,* Casterman, 2000.

Jacques Martin, *Le prince du Nil,* Casterman, 1989.

Jacques Martin, *Ô Alexandrie,* Casterman, 1996.

Crédits photographiques
COUVERTURE, P. 39, P. 46, PP. 52-53, P. 73, P. 79, P. 97, P. 108, P. 112, PP. 116-117, P. 123, ph © Viviane Koenig
P. 58, *Le jugement des morts, coffret à oushebtis et trois oushebtis,* **Paris, Musée du Louvre, ph © Erich Lessing / akg-images**
P. 76-77, *Devant le grand Sphinx,* **Guillaume Larrue, Paris, Musée du Louvre, ph © Erich Lessing / akg-images**

Conforme à la loi n°49 956 du 16 juillet 1949
sur les publications destinées à la jeunesse

achevé d'imprimer : septembre 2004
Dépôt légal : octobre 2004
ISBN : 2-7324-3181-8